THOMAS KETTLER VERLAG

Naab & Vils

KANU KOMPAKT

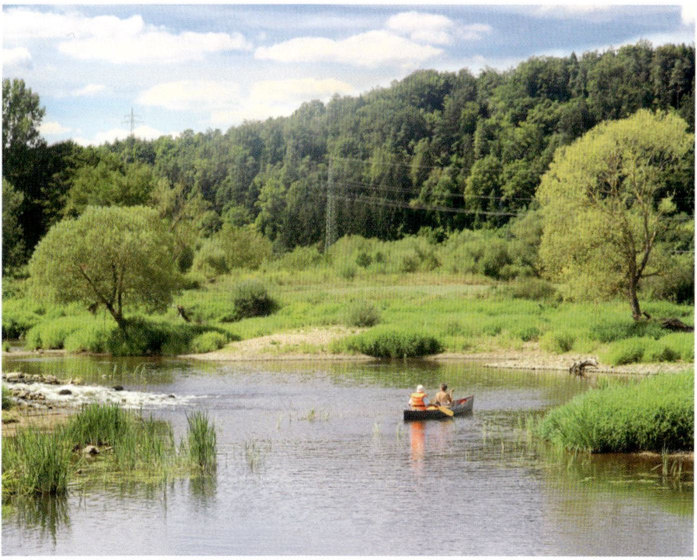

Impressum

Von-Hutten-Str. 15
D-22761 Hamburg
Tel +49 (40) 39 10 99 10
Fax +49 (40) 390 68 20
mail@thomas-kettler-verlag.de
www.thomas-kettler-verlag.de

1. Auflage Mai 2014
Satz: Thomas Kettler Verlag
Text: Alfons Zaunhuber
Textergänzung: Thomas Kettler
Lektorat: Johanna Gumz
Fotos: Alfons Zaunhuber, Thomas Kettler (S. 4, 16, 17, 19, 27, 30 u., 32, 36, 38, 39, 40, 49 u., 72, 74, 80, 82, 83, 88 o.), Wolfgang Söllner (S. 60)
Titelfoto: Malerisches Kallmünz mit Steinerner Brücke und Burgberg
Karten: Jübermann - Kartographie u. Verlag, Heide Schwinn, Frank Brandl
Gestaltung: Melanie Walter, Carola Hillmann
Illustration: Ann-Sophie Ränger, Carola Hillmann
Konzept: Carola Hillmann
Lektorat Kanufahrschule: Falk Bruder
Druck: AZ Druck und Datentechnik GmbH, Kempten

Bibliografische Information der Deutschen Nationalbibliothek
Die Deutsche Nationalbibliothek verzeichnet diese Publikation in der Deutschen Nationalbibliografie; detaillierte bibliografische Daten sind im Internet über *http://dnb.d-nb.de* abrufbar.

Sollten sich Fehler in dieses Buch eingeschlichen oder Gegebenheiten im Zusammenhang mit Touren geändert haben, bitten wir, sich mit uns in Verbindung zu setzen. Ebenso sind wir an Tipps und Hinweisen zu anderen, im ganzen europäischen Raum liegenden, Outdoor-Touren interessiert.

Dieses Buch ist über den Buchhandel, Outdoor-Läden, das Internet oder direkt beim Verlag zu beziehen.

ISBN-13 978-3-934014-37-4

Inhaltsverzeichnis

Informationen

Kanutour auf der Naab

Kanutour auf der Vils

Adressen

Weiteres

Vorwort

Die Oberpfalz im Nordosten Bayerns steht nur selten im Fokus der großen Touristenströme und auch die meisten Paddler ignorieren diese stille Region aus wenig nachvollziehbaren Gründen. Dabei bieten Naab und Vils viele Zutaten, die einen Kanuurlaub attraktiv machen. Die Naab ist besonders familien- und einsteigertauglich. Beschilderte Zustiege und Hinweisschilder sind ein Beleg für eine entspannte Tour. Campingplätze, Zeltwiesen oder preiswerte Unterkünfte bieten sich zur Übernachtung an. Die Vils ist kanutechnisch nur geringfügig anspruchsvoller und die Beschilderung an den Wehren und Einstiegsstellen noch nicht ganz so professionell (außerdem trifft man hier auf deutlich weniger Paddler).

Auf den folgenden Seiten finden sich nicht nur Hinweise zur Anreise, Übernachtungsmöglichkeiten in Wassernähe, Adressen von Bootsverleihern, sondern auch Vorschläge für lohnende Radtouren und Wanderungen, Stadtrundgänge und kulturelle wie gastronomische Empfehlungen. Kombiniert mit den fundierten Wasserwanderkarten aus dem Jübermann-Verlag erhält man so einen umfassenden Begleiter für die eigene Kanutour an die Hand, der alle Fragen zuverlässig beantwortet die vor, während und nach der Tour auftauchen.

Der Tourenführer ist mit einem Umschlag aus wasserabweisender Strukturfolie versehen, der Inhalt jedoch nicht wasserfest. Daher ist er in einer Kartentasche oder einer wasserdichten Tonne am besten aufgehoben. So geschützt, haben Sie lange Freude an dem Buch – denn wenn Sie den Reiz einer Kanuwanderung auf der Naab oder Vils erst einmal erlebt haben, werden Sie sicher gerne wiederkommen.

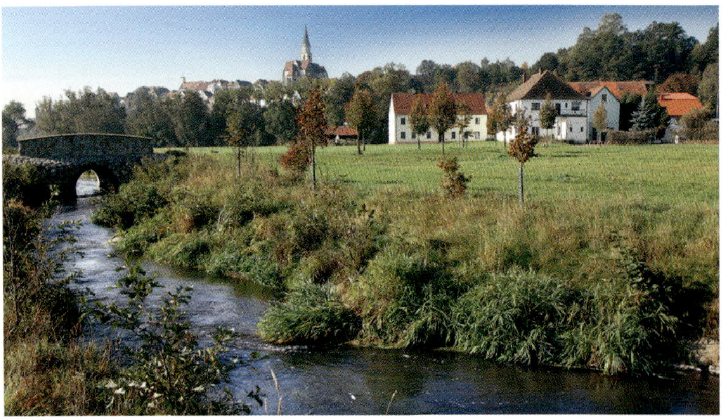

Im Oberpfälzer Wald finden sich idyllische Orte – hier Nabburg.

Kanu & Ausrüstung

Das Kanu

Bevor es an die Planung der Tour geht, steht die Frage nach Kanu und Ausrüstung.
Kanu ist der Oberbegriff für alle Boote ohne befestigtes Ruder, also sowohl Kanadier als auch Kajaks. Der **Kanadier** eignet sich insbesondere für Wandertouren und bietet mehreren Personen mit Gepäck Platz. Er wird mit dem Stechpaddel bedient und ist offen. Das **Kajak** ist bis auf eine kleine Luke geschlossen, wird mit einem Doppelpaddel gefahren und ist meist wendiger als ein Kanadier. Wegen seines windschlüpfrigen Verhaltens ist ein Kajak für das Befahren von größeren Seen und Wanderflüssen besonders geeignet. Der Nachteil liegt darin, dass die Zuladung beschränkt, das Ein- und Aussteigen umständlich und die Sitzposition, anders als beim Kanadier, durch die Bauweise vorgegeben ist. Kajaks gibt es generell für ein oder zwei Personen, während in einem größeren Kanadier auch eine vierköpfige Familie Platz findet. Der Kanadier besticht durch sein großzügiges Raumangebot und das einfache Beladen, Ein- und Aussteigen; Kinder können sich in ihm freier bewegen. Auch für den, der das Kanu durch ein Stechpaddel antreibt, bieten sich im Sitzen mit angewinkelten oder gestreckten Beinen oder kniend variantenreiche Sitzpositionen, die ein ermüdungsfreieres Paddeln ermöglichen. Die größere Kippstabilität wird vom Anfänger als angenehm empfunden. Sein Nachteil liegt eindeutig bei der größeren Windanfälligkeit, die das Befahren von großen, offenen Wasserflächen mühsam oder gar gefährlich werden lassen. Doch kann er mit einer Persenning (Spritzdecke) auch spritzwasserfest und weniger windanfällig gemacht werden.
Tipp: Wer mit dem Kanadier unterwegs ist und an Land mobil sein möchte (zurück zum Pkw), sollte in Erwägung ziehen, ein Faltrad mitzunehmen. Durch optimierte Falt-Scharniere wird aus dem Fahrrad innerhalb weniger Sekunden ein kleines, handliches Paket.

Zum notwendigen Zubehör gehören:

- **Paddel.** Doppelpaddel sollten eine Länge von ca. 220 - 240 cm haben, während das im Kanadier verwendete Stechpaddel beim Stehen bis unters Kinn reichen sollte. Für Kinder darf es ruhig etwas länger sein. Kunststoffpaddel sind zwar pflegeleichter als Holzpaddel, die aber sind vom Material her sympathischer.

Tipp: Radhandschuhe schützen empfindliche Hände vor Blasen.

- **Reservepaddel.** Muss in jedem Kanu griffbereit, aber sicher befestigt vorhanden sein. Noch wichtiger ist dies bei Solopaddlern, da sie manövrierunfähig werden, wenn das Paddel über Bord geht.

• **Rettungsweste.** Kein Kind darf ohne ohnmachtssichere Rettungsweste ins Boot. Sie hat einen Kragen, der den Kopf über Wasser hält und so vor dem Ertrinken schützt.
• **Schwimmweste.** Jeder Erwachsene sollte sie tragen (auch als Vorbildfunktion). Wie die Rettungsweste auch, muss sie dem Körpergewicht des Trägers angepasst sein.
• **Bootswagen.** Ist für längere Landtransporte unverzichtbar. Wer sich einen zulegt, sollte auf gute Verarbeitung achten. Er sollte stabil, das Rohrgestell verschweißt statt genietet und zusammenklappbar sein, breite Räder und eine Stütze haben, so dass er auch von nur einer Person beladen werden kann.

• ***Praktisches:***
Leinen zum Festmachen und Halten des Kanus.
Spanngurte zum Sichern der Säcke und Tonnen.
Schwamm zum Säubern und „Entwässern" des Kanus.
Zu Anfang ist es sinnvoll, sich ein Kanu zu leihen. Daher nennen wir in diesem Buch viele Kanuverleiher und Tourenveranstalter. Idealerweise ist bei der Auswahl eines Veranstalters darauf zu achten, dass er Mitglied im **Bundesverband Kanu e.V. (BVKanu)** ist. Die Mitglieder garantieren die nötige Qualität, die Sicherheit und einen Einsatz für den Naturschutz im Kanutourismus. Hat man sich zum Kauf eines eigenen Kanus entschlossen, stellen sich verschiedene Fragen. Welche Gewässer möchte ich vorwiegend befahren? Fahre ich alleine im Boot oder mit dem Partner, mit Kindern, mit der ganzen Familie? Mache ich nur kleine Tagestouren oder gar mehrwöchige Gepäckfahrten? Wie transportiere ich mein Kanu? Wo lagere ich es?

Die Ausrüstung

Es gibt kein schlechtes Wetter, nur die falsche **Kleidung!** Für die hier in diesem Buch beschriebene Tour wird keine teure High-Tech-Kleidung benötigt, aber eine gute **Regenjacke und -hose** lässt den Paddler dem nächsten Regenschauer gelassen entgegensehen. Ansonsten sollte nach dem „Zwiebelprinzip" verfahren werden – mehrere leichte Kleidungsstücke übereinander ziehen. **Fleecepullis**, die mit ihrer hervorragenden Isolationseigenschaft, dem geringen Gewicht und der Tatsache, dass sie im nassen Zustand noch wärmen, aber auch schnell trocknen, sind ideal. Eine **lange Hose aus einem Synthetik-Baumwollgemisch** ist sicher besser als eine Jeans. **Schuhe** müssen nicht schön sein, sondern vor allem fest sitzen. Am besten sind Schnür-, Sport- oder spezielle Paddlerschuhe. Für kleine und große Ausflüge haben wir immer Wanderschuhe dabei.

Da die Sonneneinstrahlung auf Wasserflächen sehr intensiv ist, dürfen ein **Sonnenschutz** und eine **Sonnenbrille** nicht fehlen. All die hier genannten Ausrüstungsgegenstände finden Platz in wasserdichten **Weithals-Tonnen** mit Schraubdeckel sowie wasserdichten (optimalerweise transparenten) **Packsäcken**, die durch ein „Roll-/Steckverschluss" wasserdicht verschlossen werden. Mehrere kleine sind idealer als wenige große! Die meisten Kanuvermieter händigen wasserdichte Tonnen vor Antritt der Fahrt aus. Ist man jedoch mit dem eigenen Kanu unterwegs und scheut zu Anfang die für mehrere Säcke/Tonnen recht hohen Anschaffungskosten, tun es zu Beginn auch stabile Plastik- oder Müllsäcke.
Viele der beschriebenen Streckenabschnitte lassen sich so planen, dass mit wenig Gepäck von Gasthof zu Gasthof gepaddelt werden kann, um am Abend warm und trocken beim Abendessen im Schankraum zu sitzen. Ein **Zelt,** ein **Schlafsack** und eine **Isomatte** sollte jedoch immer dabei sein. Denn wer weiß schon, ob man sein Tagesziel auch erreicht oder ein Gewitter die ganze Planung über den Haufen wirft.
Wer nicht auf den morgendlichen Kaffee oder die Spaghetti am Abend verzichten möchte, der muss einen **Campingkocher** mit auf Tour nehmen.

Folgende Typen sind zu unterscheiden:

- **Benzinkocher.** Hat den höchsten Heizwert. Benzin ist überall zu bekommen und billig.
- **Gaskocher.** Nicht so hoher Heizwert, jedoch sauberes Verbrennen. Teure Kartuschen.
- **Multifuelkocher.** Guter Heizwert. Ist mit fast jedem Flüssigbrennstoff zu betreiben und sehr leicht.
- **Petroleumkocher.** Hoher Heizwert, jedoch Geruchsbelästigung, die, anders als beim Benzin, nicht „verfliegt".
- **Spirituskocher.** Sind leicht und einfach zu handhaben. Hat einen relativ geringen Heizwert.

Als **Küchenausstattung** empfehlen wir ein Kochset, bestehend aus drei verschieden großen, ineinandergestellten Kochtöpfen (2 L, 1,5 L, 1 L), einem Wasserkessel und zwei verschieden großen Deckeln, die gleichzeitig als Pfannen dienen. Wir haben außerdem immer eine Espressokanne dabei, mit der wir unseren Kaffee kochen. Weiterhin tiefe und flache Teller, Besteck, Wassersack, Thermoskanne, Thermobecher, kleines Schälmesser, Schneidebrettchen, Alufolie, Geschirrtuch, Spülmittel und eine Faltschüssel.
Weitere nützliche Ausrüstungsgegenstände sind ein Klappspaten, Toilettenpapier, Erste-Hilfe-Set, Waschzeug, Insektenschutz, Taschenmesser, Taschenlampe, Fernglas, Schreibutensilien.

„Kleine Kajak- & Kanadier-Fahrschule“

Schlagrichtung des Paddlers 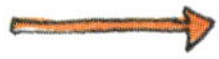 Bewegungsrichtung des Kanus 

Die beschriebenen Paddelschläge können und sollen miteinander kombiniert werden. Zur korrekten Ausführung wird das Paddel im Prinzip nicht durch das Wasser „gezogen“, sondern soll annähernd stationär bleiben und das Kanu über das Wasser bewegt werden. Hierbei wird eine optimale Kraftausbeute angestrebt. Bei einem sehr gut ausgeführten Paddelschlag gibt es keine Verwirbelungen und kaum Wellen am Paddelblatt.

Kajak-Fahrschule

Allgemeines

In der Regel sind die beiden Blätter eines Doppelpaddels gegeneinander verdreht. Bei den üblichen rechtsgedrehten Paddeln umfasst die rechte Hand den Schaft so, dass das rechte Paddelblatt senkrecht ins Wasser eingetaucht werden kann. Die linke Hand umfasst den Paddelschaft nur locker und nach jedem Paddelschlag wird das Paddel mit der rechten Hand so gedreht, dass das aktive Blatt senkrecht ins Wasser gesetzt werden kann (bei linksgedrehten Paddeln gelten die Hinweise entsprechend seitenvertauscht). Stellen Sie die Fußstützen des Kajaks so ein, dass Sie bequem sitzen und gleichzeitig einen guten Bootskontakt mit den Oberschenkeln haben. Bei Kajaks mit Fußsteuerung den Abstand der Pedale so wählen, dass Sie mit leicht angewickelten Beinen im Boot sitzen und genügend Spielraum nach vorne haben, um das Pedal durchzutreten und das Steuer bewegen zu können.

Einsteigen

Kanu parallel zum Ufer ausrichten, bei starker Strömung mit dem Bug (=Bootsspitze) gegen die Strömungsrichtung. Zum Einsteigen das Boot mit der sogenannten „Paddelbrücke“ stabilisieren: Paddel im rechten Winkel zum Boot über Süllrand (=Bootsrand) und Ufer oder Steg legen; mit einer Hand Süllrand und Paddel fassen und mit der anderen Hand das Paddel aufs Ufer drücken. Zum Einsteigen das Gewicht über das Paddel verlagern und mit dem bootsseitigen Fuß zuerst einsteigen. Anschließend möglichst rasch hinsetzen, d. h. im Kajak gleich auf den Sitz rutschen, um einen tiefen Schwerpunkt zu erzielen und die Stabilität des Kanus zu erhöhen.

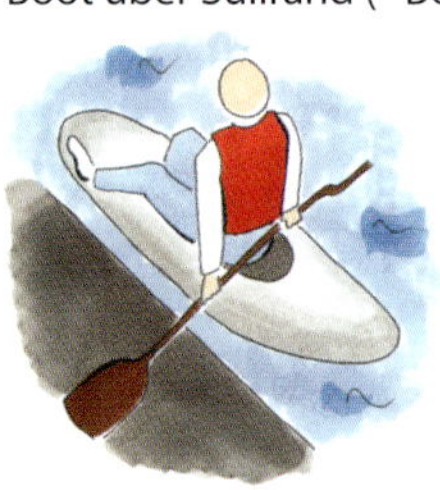

Spritzdecke

Spritzdecke zunächst hinter dem Körper um den Süllrand legen und von hinten nach vorne schließen; abschließend nach vorne über den Süllrand ziehen. Dabei unbedingt darauf achten, dass die Lasche vorne herausguckt, um die Spritzdecke im Falle einer Kenterung leichter öffnen zu können.

Paddelhaltung

Das Paddel in beide Hände nehmen und auf den Kopf legen. Die optimale Griffbreite ist erreicht, wenn der Winkel zwischen Ober- und Unterarm ein wenig kleiner als 90 Grad ist.

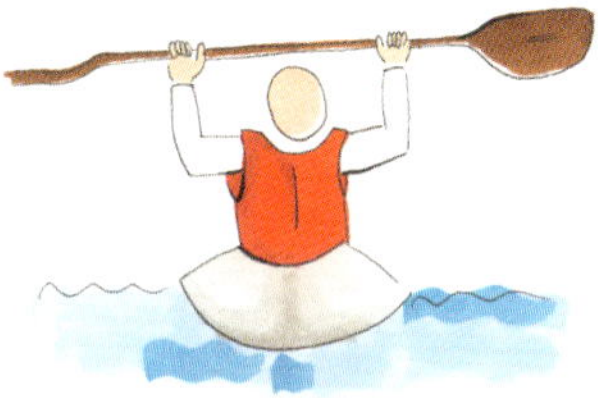

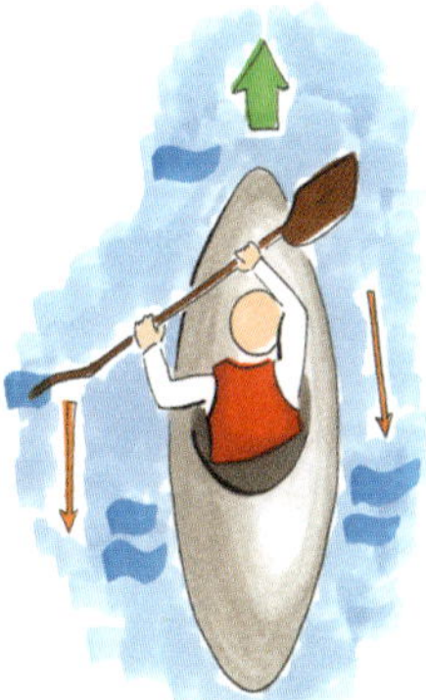

Grund- und Treibschlag

Mit leicht nach vorne gebeugtem Oberkörper Paddel vorne, dicht neben der Bootswand einsetzen. Die „Zughand" zieht das Paddel parallel am Boot entlang nach hinten, während die „Druckhand" das sich in der Luft befindliche Blatt nach vorne drückt. Die Bewegung nicht allein mit den Unterarmen ausführen, sondern zur Unterstützung bei gestrecktem Arm den Oberkörper mitdrehen. Ist das aktive Paddelblatt knapp hinter der Sitzposition, den Zug stoppen und die Seite wechseln.

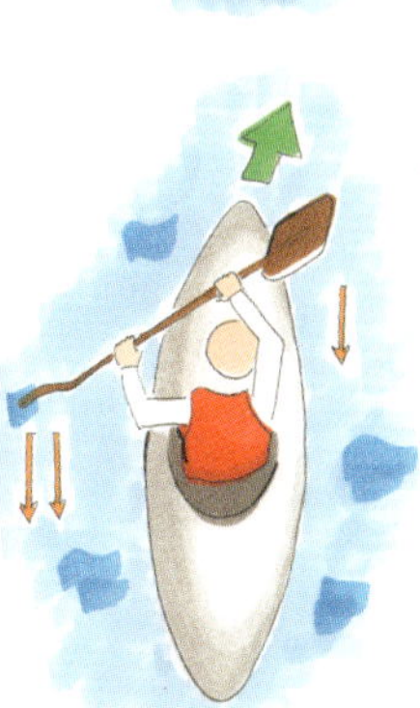

Steuern

Wird der Paddelschlag auf der linken Seite stärker ausgeführt, dreht der Bug nach rechts – und umgekehrt. So können Sie das Boot – ganz ohne die ebenfalls erhältlichen Fußsteueranlagen – auf Kurs halten. Sind starke Kursänderungen erforderlich, erreichen Sie diese mit dem Bogenschlag. Beim Ab- und Anlegen mit Kajaks die über eine Steueranlage verfügen unbedingt daran denken, das Steuer rechtzeitig einzuklappen, um es nicht zu verbiegen.

Ziehschlag

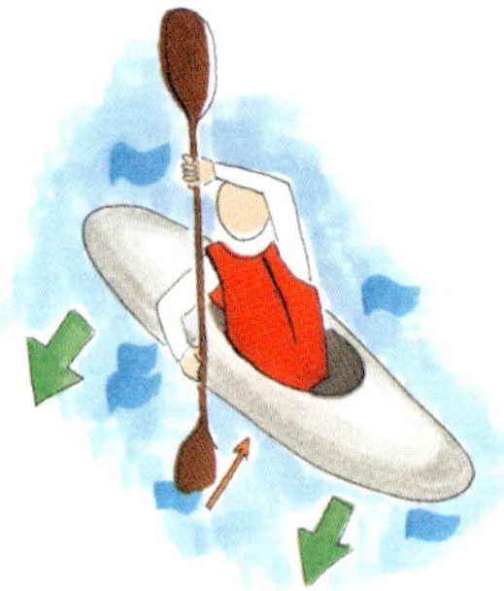

Steuerschlag, um das Boot seitlich zu versetzen; dazu das Paddelblatt möglichst weit entfernt senkrecht zur Längsachse und parallel zum Boot ins Wasser tauchen und nicht zu dicht, an die Bootswand heranziehen und nach oben aus dem Wasser nehmen. Dabei darauf achten, dass das Paddelblatt nicht unter den Bootskörper gezogen wird, da dies zum Kentern führen kann.

Bogenschlag

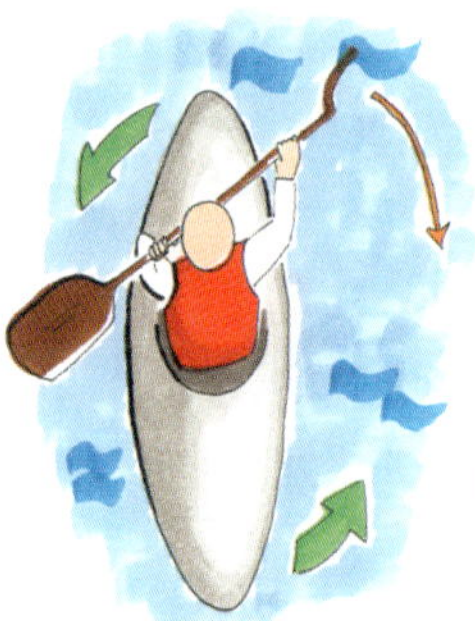

vorwärts

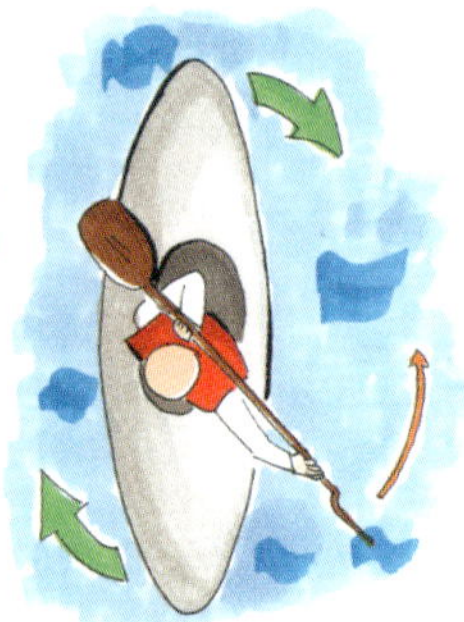

rückwärts

Steuerschlag, um das Boot zu drehen: vorwärtsausgeführt, dreht er das Boot weg von der Schlagseite. Dazu das Paddel möglichst weit vorne und dicht am Boot eintauchen und das Paddelblatt flach unter der Wasseroberfläche in einem weiten Halbkreis um das Boot bis nahe ans Heck führen. Je größer der Radius, desto stärker die Steuerwirkung. Um das Kanu abzubremsen und gleichzeitig eine Kurskorrektur zur Paddelseite hin durchzuführen, können Sie den Bogenschlag rückwärts ausführen.

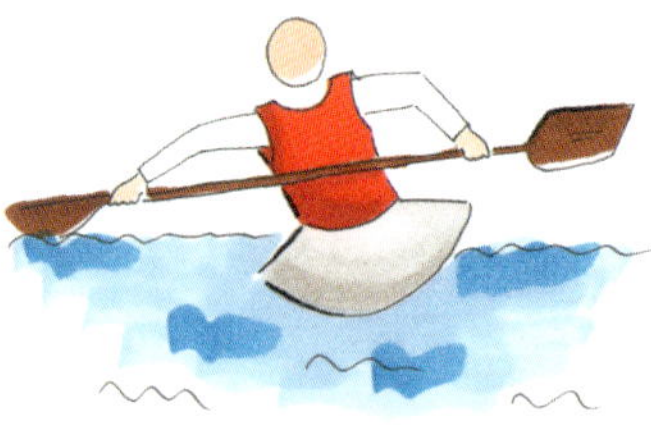

Paddelstütze

Stabilisierungsschlag, bei dem das Paddel als Ausleger genutzt wird, um das Kentern zu verhindern; dazu einfach das Paddel auf der Seite, zu der das Boot zu kippen droht, soweit wie möglich nach außen flach auf das Wasser drücken.

Kanadier-Fahrschule

Allgemeines

Auf dem hinteren Sitz nimmt in der Regel der erfahrenere oder kräftigere Paddler Platz. Er gibt im Flachwasser die grobe Richtung vor, der Vordermann versucht ihn zu unterstützen. Der Vordermann gibt die Schlagzahl vor; achten Sie darauf, einen möglichst gleichmäßigen Schlagrhythmus einzuhalten, um ein „Aus-dem-Ruder-laufen" zu vermeiden. Je nach Ausdauer kann ein gelegentlicher Wechsel der Paddelseiten stattfinden, der von beiden nach Absprache gleichzeitig durchgeführt wird. Der Vordermann hat stets die Aufgabe auf Hindernisse, die direkt vor dem Kanadier auftauchen, aufmerksam zu machen.

Einsteigen

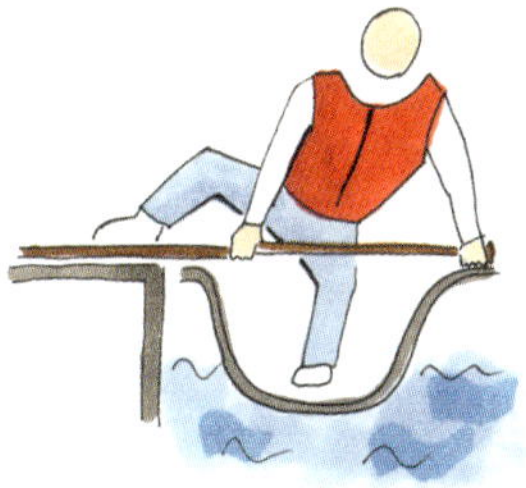

Kanu parallel zum Ufer ausrichten, bei starker Strömung mit dem Bug (=Bootsspitze) gegen die Strömungsrichtung. Zum Einsteigen das Boot mit der sogenannten „Paddelbrücke" stabilisieren: Paddel im rechten Winkel zum Boot über Süllrand (=Bootsrand) und Ufer oder Steg legen; mit einer Hand Süllrand und Paddel fassen und mit der anderen Hand das Paddel aufs Ufer drücken. Zum Einsteigen das Gewicht über das Paddel verlagern und mit dem bootsseitigen Fuß zuerst einsteigen. Anschließend möglichst rasch hinsetzen oder beim Kanadier auch möglich, eventuell hinknien, um einen tiefen Schwerpunkt zu erzielen und die Stabilität des Kanus zu erhöhen.

Aussteigen

Wie Einsteigen, nur in umgekehrter Reihenfolge.

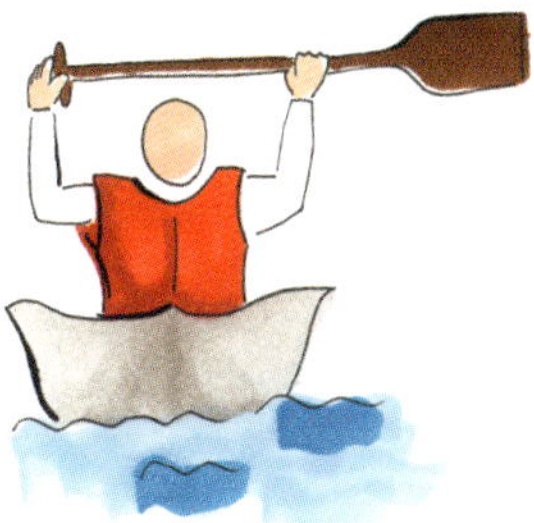

Paddelhaltung

Eine Hand fasst den Paddelknauf, hierbei wird der Griff von oben wie beim Spaten umfasst. Die andere Hand umgreift den Paddelschaft, so dass Ober- und Unterarm einen Winkel von 90 Grad bilden.

Grund- und Treibschlag

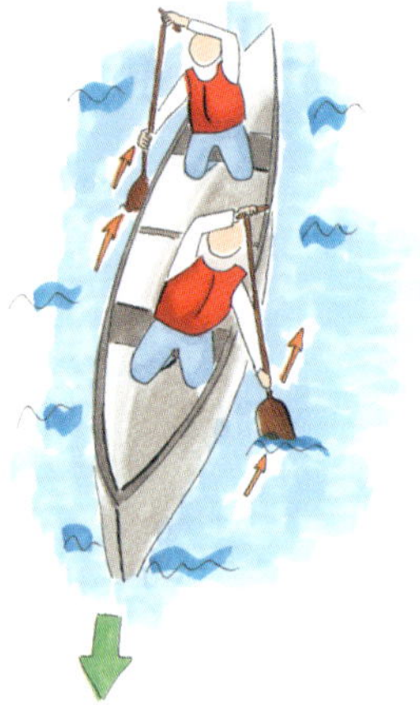

Das ganze Paddelblatt wird senkrecht ins Wasser getaucht und parallel zum Boot (in Bootslängsachse) bis etwa auf Körperhöhe durchs Wasser gezogen. Dabei wird mit dem unteren Arm gezogen, während der obere Arm drückt; gleichzeitig wird der Oberkörper etwas nach vorne geneigt und mitgedreht. Stimmen Vorder- und Hintermann ihren Grundschlag aufeinander ab, bewegt sich der Kanadier kursstabil geradeaus. Paddelt nur einer, bewegt sich das Kanu der paddelabgewandten Seite zu.

Steuern oder J-Schlag (nur Hintermann)

Dabei wird das Paddel zuerst wie beim Grundschlag geführt, am Körper vorbei in einer Bogenbewegung mit der wasserverdrängenden Paddelseite vom Boot weggedrückt. Dabei zeigt der Daumen der Hand am Paddelknauf nach unten und der Handrücken nach außen. Der Vordermann kann weiterhin den Grundschlag ausführen oder die Drehbewegung mit einem Bogenschlag verstärken. Der J-Schlag ist besonders vorteilhaft für Solokanadier, da er das „Ausdem- Ruder-laufen“ bei der normalen Geradeausfahrt verhindert.

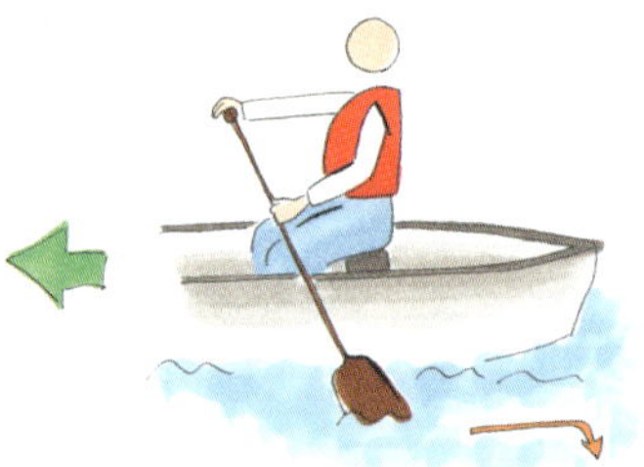

Ziehschlag

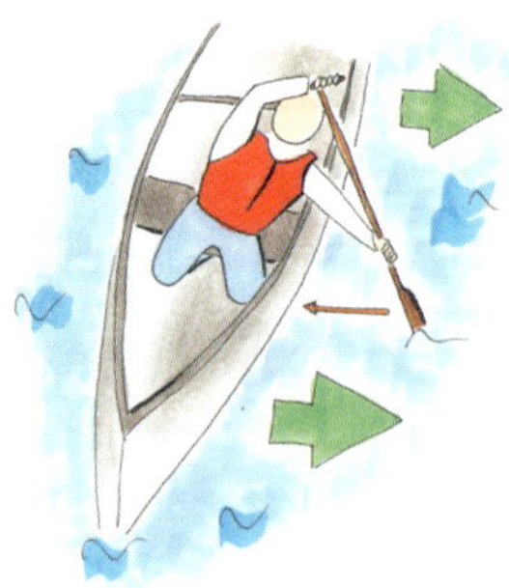

Steuerschlag, um das Boot seitlich zu versetzen; dazu das Paddelblatt möglichst weit entfernt senkrecht zur Längsachse und parallel zum Boot ins Wasser tauchen und, nicht zu dicht, an die Bootswand heranziehen und nach oben aus dem Wasser nehmen. Dabei darauf achten, dass das Paddelblatt nicht unter den Bootskörper gezogen wird, da dies zum Kentern führen kann.

Bogenschlag

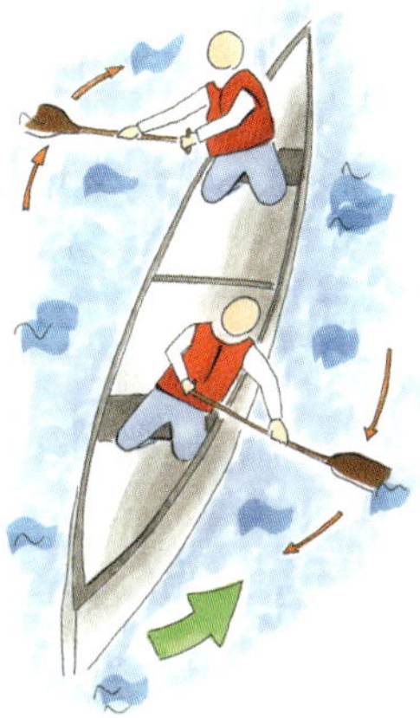

Steuerschlag, um das Boot zu drehen. Um einen Zweierkanadier auf der Stelle zu drehen, führt der Vordermann den Bogenschlag vorwärts und der Hintermann den Bogenschlag rückwärts aus (oder umgekehrt, aber immer gegenläufig). Vorne vorwärts: das Paddel möglichst weit vorne und dicht am Boot eintauchen und das Paddelblatt flach unter der Wasseroberfläche in einem Viertelskreis bis auf Körperhöhe führen. Hinten rückwärts: Beginn nahe am Heck des Bootes und das Paddelblatt von hinten nach vorne im Viertelskreis bis auf Körperhöhe führen. Dies dreht das Boot weg von der Paddelseite des Vordermanns. Zum Drehen zur anderen Seite werden die Schläge genau gegenläufig durchgeführt: vorne rückwärts, hinten vorwärts. Jeweils gilt, je größer der Radius, desto stärker die Steuerwirkung.

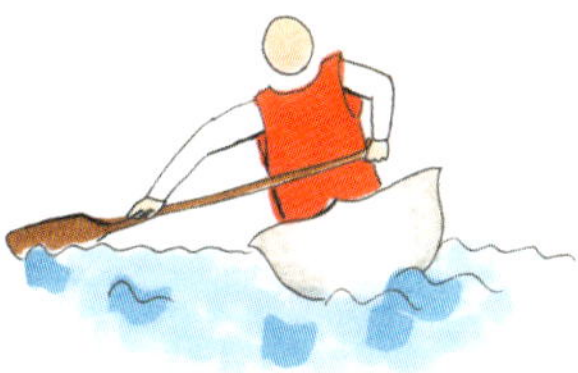

Paddelstütze

Stabilisierungsschlag, bei dem das Paddel als Ausleger genutzt wird, um das Kentern zu verhindern; dazu einfach das Paddel auf der Seite, zu der das Boot zu kippen droht, soweit wie möglich nach außen flach auf das Wasser drücken.

Kanukurse an Naab & Vils:

Kanusport Frieser, Tel. (0961) 250 03, www.kanusport-frieser.de

Huber Naturerlebnis, Tel. (09642) 35 73 oder 0175-360 45 62, www.huber-naturerlebnis.de

Tipps zum Kanuwandern auf Naab und Vils

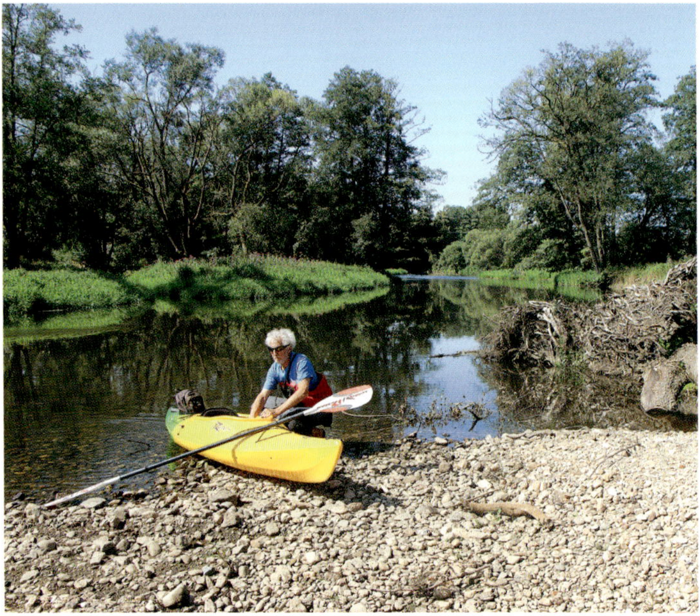

Unweit des Mündungsbereichs der sauberen Luhe in die Naab haben sich Kiesbänke gebildet.

Das Wasserwandern auf Naab und Vils ist bei Normalwasserständen im Allgemeinen ungefährlich. Mit ein paar einfachen **Verhaltensregeln** sind Sie noch sicherer im Paddelboot unterwegs:

- Vorsicht ist insbesondere an den Wehren geboten. Alle Wehre an der Naab sind gut beschildert, an der Vils auch, allerdings sind dort die Ein- und Ausstiege nur bedingt mit Treppen versehen.
- Fischaufstiegshilfen dürfen generell befahren oder zum Treideln von Kanus genutzt werden. Bitte diese Umgehungsrinnen aber unbedingt vorab besichtigen, im Zweifelsfall besser umtragen. Ein Bootswagen ist hilfreich.
- Allein sollte nur paddeln, wer sein Kanu gut beherrscht.
- Das Tragen einer Schwimmweste sollte selbstverständlich sein.
- Kinder müssen immer eine ohnmachtssichere Rettungsweste tragen.
- Um vor unliebsamen Überraschungen sicher zu sein, sind vor der Fahrt detaillierte Informationen über den Streckenverlauf und eine Wetterprognose der Region unerlässlich.

• Das Gepäck gehört nach Möglichkeit in den Bootsinnenraum. Alles was an Deck mitgenommen wird sollte gut festgezurrt werden, um es bei Kenterung gegen Verlust zu sichern.
• Nicht alkoholisiert ins Kanu steigen.
• Ein aufgefrischter Erste-Hilfe-Kurs sollte selbstverständlich sein, um nicht nur anderen, sondern auch sich selbst helfen zu können. (Erste-Hilfe-Set wasserdicht verpackt und schnell zugänglich).

Verhalten auf dem Wasser

Eine Kanutour soll in erster Linie Spaß machen. Eine Liste mit Verhaltensregeln für das umweltverträgliche Paddeln scheint auf den ersten Blick übertrieben zu sein. Mit den folgenden **Umwelttipps und Regeln** hat man aber einen guten Leitfaden zur Hand und die herrliche Natur an Naab und Vils bleibt auch kommenden Paddlergenerationen erhalten.
• Starten oder Beenden Sie eine Kanutour nur an den ausgewiesenen Ein- und Ausstiegsstellen, bzw. an trittsicheren Plätzen die keinen Schaden an der Natur zur Folge haben. Wollen Sie ein eigenes Kanu auf dem Gelände eines Bootsverleihers oder Campingplatzes zu Wasser lassen, so gehört es zum guten Ton, vorher um Erlaubnis zu fragen.
• Nutzen Sie zum Anlegen und Rasten nur die dafür vorgesehenen Plätze wie z.B. Bootsrastplätze, die Anleger der Gasthäuser oder Wehre und andere befestigte Ausstiege, die nicht im Privatbesitz sind, um unnötige Beschädigungen der empfindlichen Ufer zu vermeiden.
• Meiden Sie Schilfgürtel und bewachsene Kiesbänke – es sind wichtige Lebensräume für Wasservögel. Fahren Sie möglichst mit den Booten hintereinander und in der Flussmitte, dort wo das Wasser am tiefsten ist.
• Beobachten Sie Tiere nur aus der Entfernung. Für Naturbeobachtungen empfiehlt sich ein Fernglas. Vermeiden Sie auf jeden Fall Lärmbelästigungen in sensiblen Zonen.
• Vermeiden Sie die Befahrung von flachen Gewässerabschnitten und achten Sie stets auf ausreichend Wassertiefe. Muscheln am Gewässergrund leiden unter Grundberührung von Bootsrumpf und Paddel.
• Wildzelten ist nicht zu verantworten – zu groß ist die damit verbundene Belastung der Natur. Entlang von Naab und Vils finden sich Campingplätze und preiswerte Unterkünfte, so dass die Übernachtung in Wassernähe kein Problem darstellt.
• Entfachen Sie nur an den dafür freigegebenen Feuerstellen ein Lagerfeuer und beachten Sie die aktuellen Brandwarnstufen.
• Paddeln Sie an Anglern in gebührendem Abstand vorbei und verhalten Sie sich ruhig.

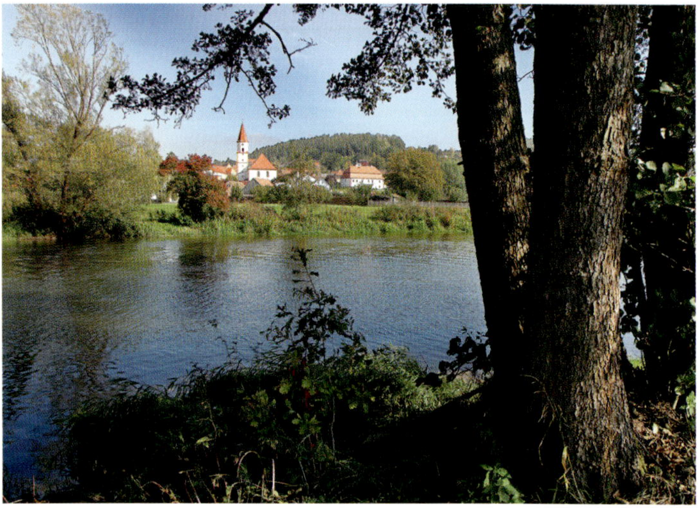

An die oberpfälzischen Flüsse schmiegen sich romantische Dörfer.

Die Naab entsteht aus den ***Quellflüssen Haidenaab und Waldnaab***. Im weiteren Verlauf fließt der Fluss durch die Oberpfälzer Ebene, flankiert von einigen Höhenzügen und passiert die Städte Nabburg, Schwandorf, Burglengenfeld und den Malerort Kallmünz und mündet schließlich neben der Wallfahrtskirche Mariaort in die Donau. Kurz vor Kallmünz bis nach Etterzhausen durchbricht die Naab Höhenzüge des Jura mit einigen Felsgruppen und bietet hier ein besonders attraktives Flusstal. Unsere Paddeltour endet in der mittelalterlichen Universitätsstadt Regensburg, der Hauptstadt der Oberpfalz und Weltkulturerbe. Die Vils entspringt ca. 15 Kilometer nördlich der Stadt Amberg. Hier, in der mittelalterlichen Altstadt von Amberg, beginnt unsere Kanutour. Auf den nächsten 40 Kilometern fließt dieser idyllische Fluss durch eine stille Landschaft, vorbei an kleinen Orten wie Rieden und Schmidmühlen nach Kallmünz und mündet dort in die Naab. Als Tourismusregion hat die Oberpfalz noch Nachholbedarf und steht eindeutig im Schatten von Oberbayern und Franken.

Für den Kanusportler gibt es mit Regen, Naab, Donau, Vils und Schwarzach gleich mehrere attraktive Gewässer. Und Wassersport lässt sich auf der Oberpfälzer Seenplatte in fast jeder Form betreiben. Biker finden eine Vielzahl besonders abwechslungsreicher Radwege für kürzere und längere Touren. Kulturell ist die Oberpfalz wesentlich ergiebiger als man denkt – die Geschichte der jahrhundertealten Glasherstellung beispielsweise erlebt man entlang der Glasstraße zwischen Neustadt a.d. Waldnaab und Passau, einer der schönsten deutschen Ferienstraßen; mit mehr als 600 Burgen und Schlössern ist die Oberpfalz darüber hinaus das burgenreichste Gebiet Nordbayerns und herrliche alte Stadtbilder begeistern die Besucher. Außerdem ist die Region extrem preiswert und selbst in den Ferienmonaten ist kaum irgendwo Trubel angesagt. Die Menschen sind freundlich, interessiert und offen; die Regionalküche ehrlich, günstig und schmackhaft. Früher hat man die Oberpfalz abfällig als „Knödelland" bezeichnet, heute haben sich hier mittelständische Unternehmen und Dax-Konzerne angesiedelt, die teilweise in ihrem Segment Weltmarktführer sind.

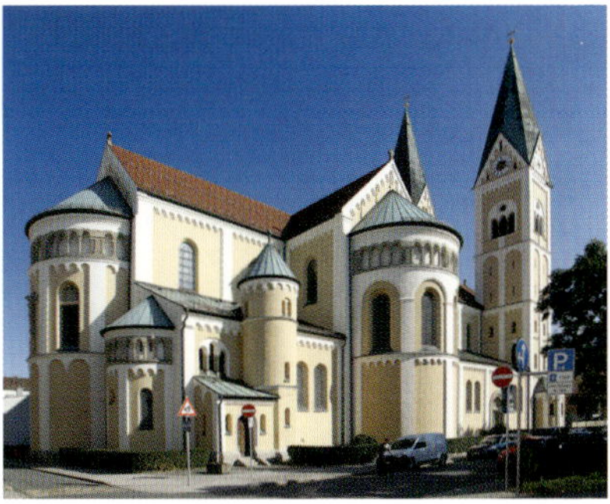

St. Josef in Weiden ist der größte Kirchenbau des Bistums Regensburg seit dem Mittelalter.

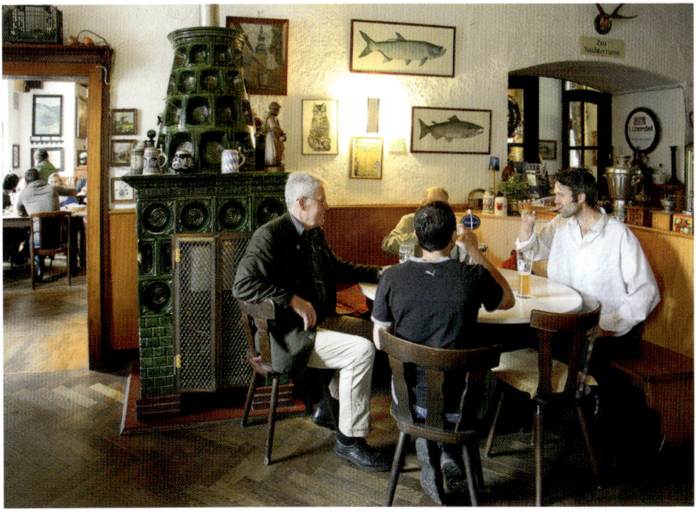

Überall locken gemütliche Gaststätten zur Einkehr – hier die Klosterwirtschaft in Pielenhofen.

Wichtiges zur Tour auf der Naab

Kanufahren auf der Naab

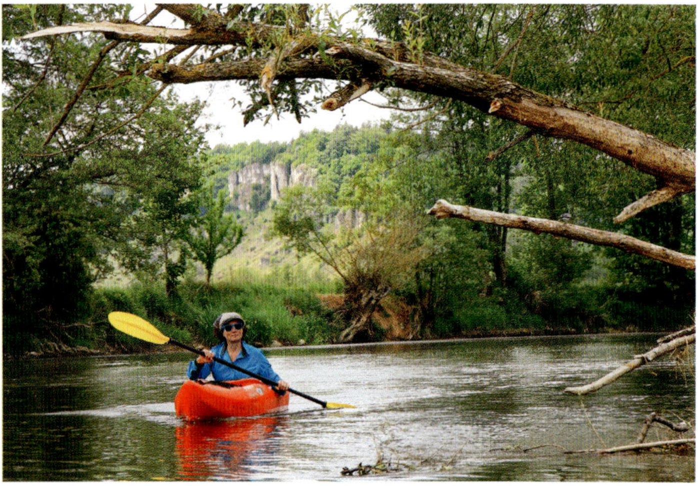

Die Oberpfälzer Juralandschaft vor Kallmünz wird geprägt von schroffen Felsen, Wiesen, Äckern und Wäldern.

Unter den vielen attraktiven Kanugewässern Bayerns spricht vieles für die Naab. Rund 100 abwechslungsreiche Flusskilometer (Oberwildenau bis Regensburg) können nur wenige Gewässer bieten. Die Naab ist ganzjährig befahrbar und eignet sich auch für Kanueinsteiger und Familientouren mit Kindern. Unterwegs begeistert auf weiten Etappen die reizvolle Natur und kulturelle Sehenswürdigkeiten reihen sich wie Perlen an der Schnur den Fluss entlang. Man kann sich kaum noch vorstellen, dass die Naab jahrhundertelang von Weiden (an der Waldnaab) bis Regensburg schiffbar war. Doch Anfang der 1950er Jahre war damit endgültig Schluss. Wer die Naab in fünf Tagen befährt, findet am Ende einer jeden Etappe einen Campingplatz, eine Zeltwiese und / oder einen Gasthof vor. Ich empfehle jedoch unterwegs den einen oder anderen Kurzaufenthalt einzulegen um zu wandern oder die umliegende Region mit dem Fahrrad zu erkunden. Zwischen Luhe-Wildenau und Regensburg besteht eine gute Bahnverbindung, somit ist es möglich, am Ende der Kanutour problemlos und schnell zum Pkw zurückzukommen. Die Bahn kann auch für Tagesetappen genutzt werden, Angaben zu den Bahnhöfen finden sich im Text, bzw. in der Randspalte.

Die Etappenvorschläge im Infoteil sind in der Regel zwischen zehn und zwanzig Kilometer lang. Letztere schließen die Zeit für Ausflüge, Stadtrundgänge und Besichtigungen nicht mit ein. Achten Sie insbesondere beim Paddeln mit Kindern auf ausreichend Ruhe- und Pausentage. Öffnungszeiten haben wir so dargestellt: (Di-So 10-17), was heißen soll, dass Dienstag bis Sonntag von 10.00 Uhr bis 17.00 Uhr geöffnet ist.

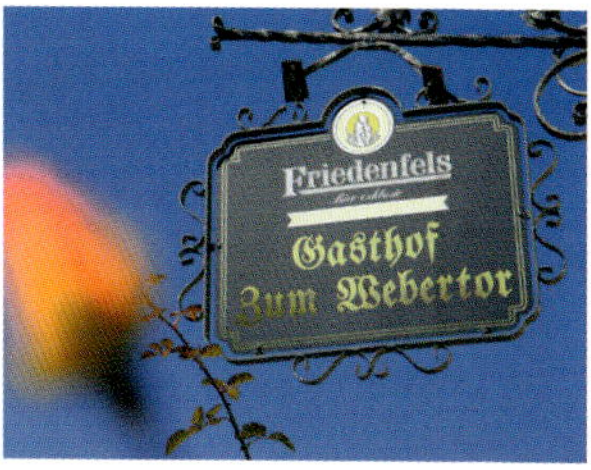

Wer nicht zelten möchte, übernachtet im Gasthof.

Nur in kleineren Orten haben wir auf Einkaufsmöglichkeiten hingewiesen. Übernachtungsmöglichkeiten haben wir als „günstig" bezeichnet, wenn die Preise für ein Doppelzimmer bei bis zu 40-50 Euro liegen, die Kategorie „hochpreisig" beginnt bei 90 Euro.
Ein Spiral- oder Bügelschloss im Gepäck ist nicht verkehrt, wenn man sein Kanu mal längere Zeit unbeaufsichtigt liegen lassen will.
Einen ersten groben Überblick über jede Tour sollen die Piktogramme im Informationsteil zu jeder Tour geben – wir haben Sternchen von 0 (wenig) bis 4 (viel) vergeben.

Hinweis zu den Kilometerangaben

Um ihnen die Planung der eigenen Tour auf der Naab zu erleichtern, finden Sie in der Randspalte die Kilometerangabe, ausgehend von **km 97,5** in Oberwildenau. Die Mündung der Naab in die Donau in Mariaort wird dabei mit **km 0** bezeichnet. Sie können die Entfernungen auch leicht in den Karten abmessen: Die Strecke von einem gelben Punkt zum nächsten, entspricht exakt einem Kilometer. Alle fünf Kilometer sind die Kilometerzahlen ausgeschrieben.

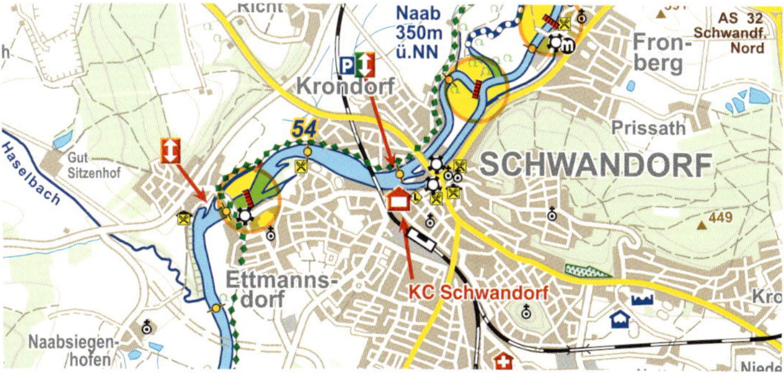

Infos Naab von Oberwildenau bis Regensburg

Aktivitäten	Natur	Kultur	Baden	Hindernisse
★★★☆	★★★☆	★★★★	★★★☆	★★★☆

Charakter der Tour

Die Naab ist ein ruhig fließendes Gewässer, streckenweise und insbesondere vor den Wehren tendiert die Strömung gegen Null! Dafür erlebt man keine bösen Überraschungen und hat viel Zeit die Natur zu genießen. Rastplätze laden zu entspannten Brotzeitpausen ein und der Fluss lockt trotz des braunen Wassers zum Schwimmen. Die Wasserqualität der Naab in ihrem Oberlauf ist so gut, dass in ihr sogar noch die seltene Flussperlmuschel vorkommen soll! Außerdem belegen das auch die vielen Waller, Zander, Flusshechte und Forellen, die die Naab zu einem begehrten Anglerparadies gemacht haben. An ihren Ufern leben Eisvögel, Biber, Störche, Raubvögel und viele Entenarten. Das Umfeld der Naab soll gar als größtes Orchideenrefugium Deutschlands gelten.
Insgesamt ***16 Wehre*** behindern die Fahrt auf der Naab, alle sind beschildert und meist mit Treppenanlagen versehen. ***Ein Bootswagen ist dringend anzuraten***, so lässt sich ein Wehr trotz Fahrtengepäck entspannt umfahren. Einige Wehre haben einen Umgehungsbach als Fischaufstiegshilfe. Zum Teil sind diese Umgehungsrinnen befahrbar oder eignen sich zum Treideln des Bootes, dafür sollte man eine entsprechende Leine mitführen.

Sehenswürdigkeiten *(in der Reihenfolge des Tourenverlaufs)*

Luhe: *Kirche St. Martin* (Barock und sieben Rokoko-Altäre), *Altes Rathaus* mit historischem Marktplatz (Schwedenturm, Pranger, Granitschwertreliefstein), *Marienkapelle, Pfarrhof von Philipp Muttone* (stilbildender Baumeister, 1699-1775), *Wallfahrtskirche St. Nikolaus.*
Wernberg-Köblitz: *Burg Wernberg* (Hotel mit Sterneküche im Gourmetrestaurant „Kastell"), *Marktplatz, Kirche St. Anna* (16./18. Jh.).
Pfreimd: *barocke Stadtpfarrkirche „Mariä Himmelfahrt"* (mit Stukkierung von Johann Schmuzer), *Landgrafenschloss, Franziskanerkloster* (1596 errichtet, 1802 aufgelöst, 1831 als Hospiz wiederaufgebaut).

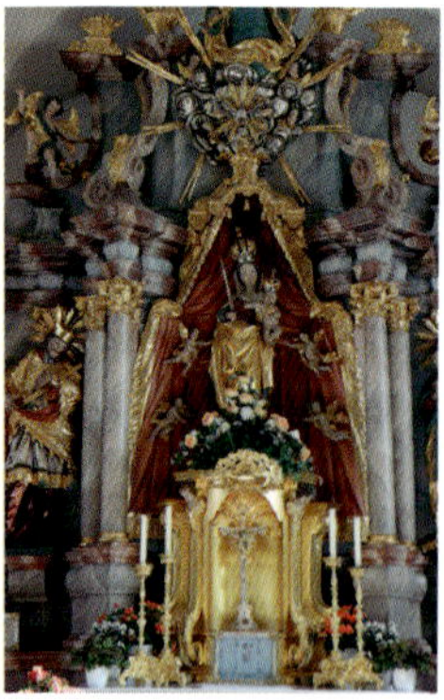

Barockaltar in Wiefelsdorf.

Perschen: *Kirche St. Peter und Paul* mit herrlichen Fresken (1170) im Beinhaus nebenan, *Bauernmuseum Edelmannshof, Oberpfälzer Freilandmuseum* in Neusath-Perschen (drei km Fußweg).

Nabburg: Siehe S. 32

Schwarzenfeld: *Wallfahrtskirche mit Kloster* auf dem Miesberg, *Alte Pfarrkirche, Schloss Schwarzenfeld* (Hotel) im Stil des romantischen Historismus.

Frondorf: *Oberpfälzer Künstlerhaus* in der „Kebbel-Villa" (1886-88) mit zeitgenössischer bildender Kunst aus der Region.

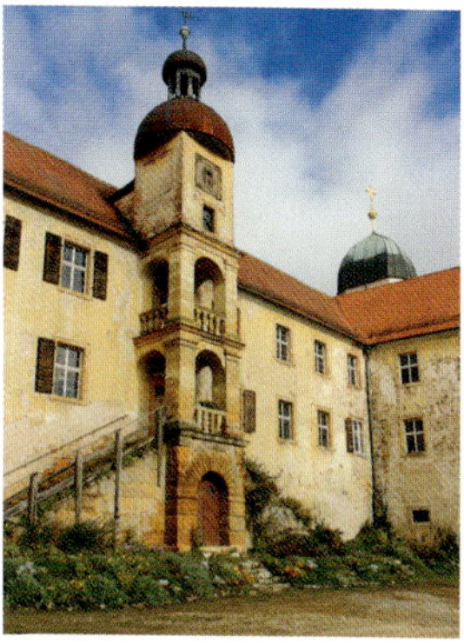

Schloss Münchshofen.

Schwandorf: Siehe S.40

Wiefelsdorf: *St. Peter und Paul* (Frührokoko, spätgotische Marienstatue).

Münchshofen: *ehem. Glasschleif- und Polierwerk* (19. Jh., Museum), *Renaissanceschloss* (privat) mit Kapelle (öffentlich), *Wild- & Freizeitpark Höllohe.*

Premberg: *Filialkirche* (12. Jh.) mit spätgotischer hölzerner Westempore, *Wallfahrtskapelle „Haferbründl"* zwischen Premberg und Münchshofen.

Burglengenfeld: Siehe S. 50

Schirndorf: *Dorfkapelle Mariä Königin* (1759).

Kallmünz: Siehe S. 56

Heitzenhofen: *Wolfgangskirche* (18. Jh.).

Duggendorf: *barocke Pfarrkirche* (1736) mit Rokokoorgel.

Pielenhofen: *Klosteranlage* (18. Jh.), *ehemaliges Zisterzienserkloster,* heute auch Vorschule der Regensburger Domspatzen.

Penk: *romanische Wehrkirche St. Leonhard* (um 1250).

Etterzhausen: *St. Wolfgangskapelle* (1250), *Schloss Etterzhausen* (16./18. Jh.).

Mariaort: *Wallfahrtskirche mit Deckenfresko* von Karl Stauder (1774-1776).

Regensburg: Siehe S. 67

Sonstige Aktivitäten

Paddeln: Für erfahrene Kanuten ***Weiterfahrt auf der Donau***. Weitere schöne und anfängertaugliche Kanuwanderflüsse in der näheren Umgebung sind der *Regen* (siehe KANU KOMPAKT Regen) und die nahe ***Altmühl*** (siehe KANU KOMPAKT Altmühl) sowie ***Pegnitz und Regnitz*** zwischen Nürnberg und Bamberg. **Radtouren:** Auf dem 58 km langen ***Pfreimdtal-Radweg,*** dem ***Naab-Radweg*** oder etwas länger der ***Fünf-Flüsse-Radweg*** von Nürnberg nach Regensburg, sehr schön auch der ***Schwarzach-Radweg*** auf der ehemaligen Bahntrasse zwischen Neunburg

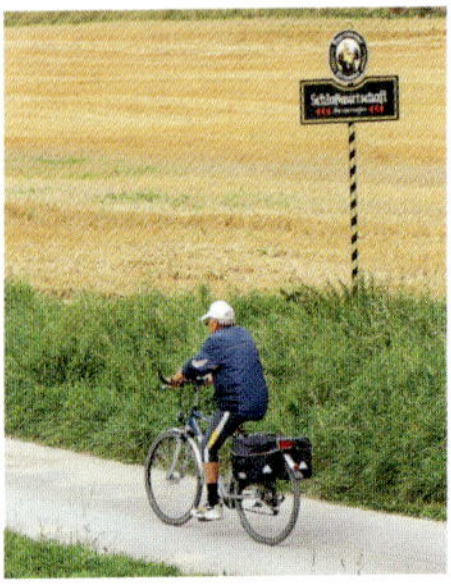

vorm Wald und Schwarzenfeld/Naab, ebenso eine ***Rundtour:*** Vils, Haidenaab und Naab. **Wanderungen:** In Kallmünz startet der ***Burgensteig*** über Wolfsegg und Löweneck nach Etterzhausen, ebenso der aus zwölf Tagesetappen bestehende ***Jurasteig.*** Pflichtprogramm ist auf jeden Fall der kurze ***Aufstieg zum Schlossberg*** mit toller Sicht hinunter ins Naabtal. In Pfreimd beginnt ein schöner ***Rundweg über die „Hohe Straße"*** nach Köttlitz und über das Pfreimdtal nach Trausnitz. In Schwarzenfeld bietet sich der kurze ***Philosophenweg*** zum Aussichtspunkt St. Barbara-Kanzel an, in Oberköblitz eine ***Wanderung zum 578 m hohen Feistelberg.*** In Burglengenfeld lohnen sich mehrere Tagestouren, die auch mit dem Mountainbike befahrbar sind, z.B. die 21,3 km lange ***Jurasteig-Burglengenfeldschlaufe*** die über den Jurarücken ins Vilstal führt oder der besonders attraktive ***Wittelsbacher Burgensteig,*** ein 24,5 km langer Rundweg nach Kallmünz und zurück. Sehr familienfreundlich ist der neun km lange ***Katzdorfer Wanderweg*** bei Münchshofen, der den Wild- und Freizeitpark Höllohe einschließt. **Schwimmen:** Auf den zahlreichen ***Gewässern im Oberpfälzer Seenland*** (besonders empfehlenswert sind der ***Steinberger See,*** mit 200 ha größter See Ostbayerns oder der ***Murner See*** mit Sandstränden und Theatron). Die ***Naab*** bietet einige Badeplätze (siehe Tourenbeschreibung) und verschie-

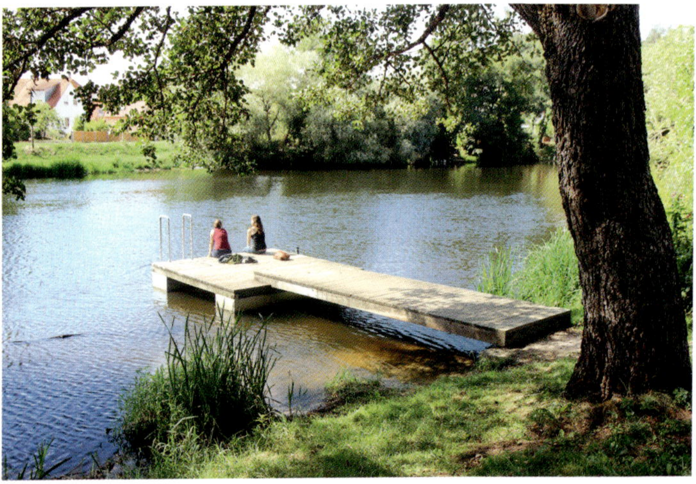

Lauschige Badestelle an der Naab – Flussbad im Naabpark Burglengenfeld.

dene Hallen- oder Erlebnisbäder wie z.B. das ***Erlebnisbad Schwandorf*** oder das ***Westbad in Regensburg***. **Segeln, Surfen, Tauchen, Wakeboard- und Wasserskifahren:** Auf dem ***Steinberger See*** im Oberpfälzer Seenland. Eine **Fahrt** mit der römischen ***Galeere „Lusoria"*** die in den Sommermonaten in Mariaort vor Anker liegt, ist eine weitere Option. **Angler** werden die ***Naab*** als ein besonders ergiebiges Fischgewässer schätzen, der Fischreichtum ist legendär. Waller von über zwei Metern Länge, Nasenschwärme, Flusshechte, Zander, Forellen, Barben, Karpfen und Schleien wechseln mit Quappen, Rotfedern und Laubenschwärmen. **Skifahrer und Snowboardfahrer** können hier im Sommer auf dem Quarzsand des ***Monte Kaolino/Hirschau*** carven und sich anschließend im Dünenfreibad vergnügen, ein ganz besonderes Erlebnis. An gleicher Stelle gibt es auch noch einen ***Waldhochseilgarten*** mit vier verschiedenen Parcours.

Literaturhinweise

Die Naab – Leben am Fluß im Wandel der Zeit, *Alfred Wolfsteiner*, Verlag Friedrich Pustet. Stimmungsvoller Bildband mit vielen Infos.
Die Naab mit Waldnaab, Fichtelnaab, Haidenaab, *Franz Bogner*, Verlag Friedrich Pustet. Kenntnisreicher Bildband mit vielen Luftaufnahmen über Naab & Co.
Die 50 schönsten Kanutouren in Bayern, *Alfons Zaunhuber*, DKV Verlag. Neben Naab und Vils sind auch Schwarzach, Haidenaab, Regen und alle interessanten Touring- Gewässer Bayerns enthalten.
KANU KOMPASS Bayern, Baden-Württemberg, *Michael Hennemann*, Thomas Kettler Verlag. Eine Kanu-Reisehandbuch das Laune macht und bestens informiert.
Oberpfalz – Reisen und Wandern – Kunst und Kultur, *Gernot Messarius*, Verlag Friedrich Pustet. Einziger flächendeckender Reiseführer der Oberpfalz.
Heimvorteil – Oberpfalz-Krimi, *Lotte Kinskofer*, Prolibris Verlag. Bestes „Futter" zur Einstimmung auf die Oberpfalz
Kompass-Wanderkarten Nr. 193, 173 und 176, 1:50.000

Etappenvorschläge

1. Tag Oberwildenau – Nabburg (21,9 km)
2. Tag Nabburg – Schwandorf (20,4 km)
3. Tag Schwandorf – Teublitz (20,6 km)
4. Tag Teublitz – Kallmünz (12,5 km)
5. Tag Kallmünz – Mariaort (22,1 km) (Regensburg 26,1 km)

Anreise: Mit der Bahn: Die meisten größeren Orte an der Naab sind per Bahn von Norden über Nürnberg und Regensburg erreichbar, hier umsteigen Richtung Schwandorf – Weiden. Von Süden, z.B. über München nach Regensburg und zum Einstieg weiter über Schwandorf nach Luhe-Wildenau (dieser Bahnhof befindet sich im Ortsteil Oberwildenau, nahe dem Einstieg). **Mit dem Auto:** Von Norden kommend erreicht man den Einstieg zu einer Naabfahrt über Nürnberg, dann die Autobahn A 6 bis zum Autobahnkreuz Oberpfälzer Wald, dort auf die A 93 Richtung Hof bis zur Ausfahrt Luhe-Wildenau und weiter nach Oberwildenau. Vom Süden kommend über Regensburg, weiter auf der A 93 bis Ausfahrt Luhe-Wildenau und dann nach Oberwildenau.

Zurück zum Pkw: Vom Hauptbahnhof Regensburg nach Luhe-Wildenau auf der Bahnstrecke Regensburg – Weiden meist im Stundentakt. Fahrzeit ca 75 Minuten. Wer bereits in Mariaort die Fahrt beendet, fährt mit der Buslinie 28 oder 29 zum Hauptbahnhof Regensburg (Achtung: nur werktags, sonntags keine Verbindung). Von Regensburg mit dem Zug nach Luhe-Wildenau. Mit einem 2. PKW fährt man auf der A 93 von Regensburg bis zur Ausfahrt Luhe-Wildenau und dann ins nahe gelegene Oberwildenau. Wer sein Fahrzeug täglich nachholen will, kann dies auch per Bike auf dem Naab-Radweg tun.

Einsetzstelle: *Oberwildenau,* Naabweg 8, unterhalb der Straßenbrücke. Parkmöglichkeit an der Straße.

Aussetzstelle: *Mariaort,* Naabstr. 20, Parkplatz. Alternativ beim *Kanuclub Regensburg,* An der Schillerwiese 4. Parkplatz.

Länge der Etappe: 101,5 km (bis Regensburg)

Dauer: ca. 5-7 Tage

Umtragestellen:

❶ **Naabmühle** 200 m
❷ **Unterköblitz** 100 m
❸ **Untersteinbach** 100 m
❹ **Naabburg** 400 m
❺ **Schwarzenfeld** 50 m
❻ **Fronberg** 50 m
❼ **Schwandorf** 50 m
❽ **Ettmansdorf** 50 m
❾ **Dachelhofen** 150 m
❿ **Klardorf-Stegen** 100 m
⓫ **Münchshofen** 100 m
⓬ **Burglengenfeld** 300 m
⓭ **Schirndorf** 50 m
⓮ **Kallmünz** 60 m
⓯ **Heitzenhofen** 50 m
⓰ **Pielenhofen** 20 m

Ein Bootswagen ist dringend anzuraten.

Der Startpunkt in **Oberwildenau** liegt am Ortsrand. Hier lassen auch die mobilen Kanuvermieter der Region ihre Kunden einsetzen. Eine große Wiese am Fluss bietet sich zum Bootsaufbau und zum Verpacken der Ausrüstung für die nächsten fünf Tage an. Wenige Meter flussauf vereinen sich ***Waldnaab*** und ***Haidenaab*** zur Naab. Naturtrübes Wasser mit teils leichter Strömung trägt das Boot vorwärts. Mischwald flankiert den Fluss und die Stille ist beeindruckend. Die sanfte Strömung in einer Kurve erfordert sorgfältige Routenwahl um nicht im flachen Wasser aufzusitzen. Einzelne schöne Seerosenfelder erfreuen das Auge, Reiher und zahlreiche Libellen gehören zu den ersten Begegnungen. Leises Vogelzwitschern sorgt für die akustische Untermalung. Eineinhalb Kilometer nach dem Start kreuzt die Autobahn A 93, nicht das einzige Mal auf dieser Tour.

km 97,5

Bootsverleih Frieser im 13 km entfernten Weiden (0961) 250 03 oder 0170-832 50 03

Wenig später erreicht man den kleinen Markt **Luhe** mit der sehenswerten ***Rokokokirche St. Nikolaus*** und einzelnen gastronomischen Betrieben linksufrig (rechts der Bahnhof Luhe).

km 95

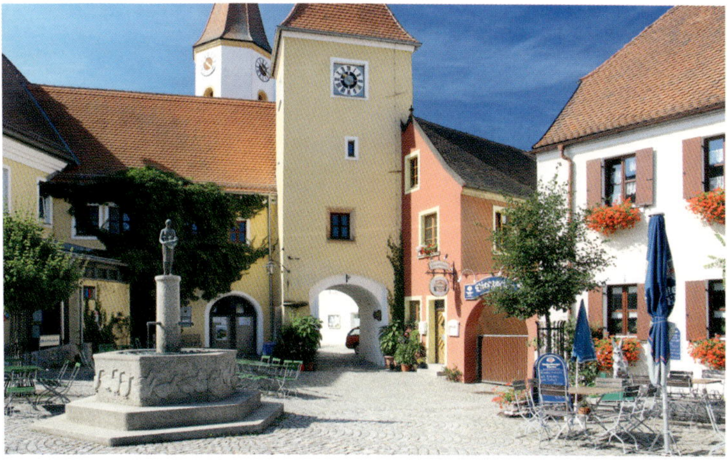

Der historische Marktplatz in Luhe bildet ein malerisches Ensemble.

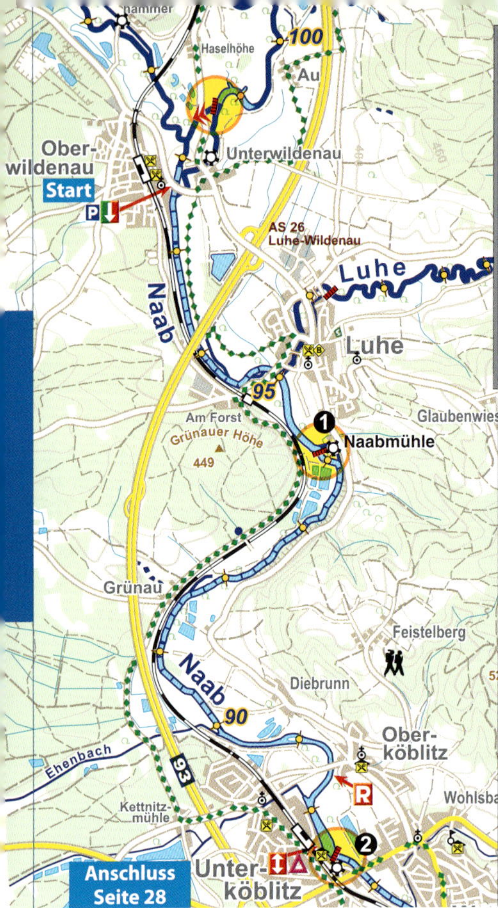

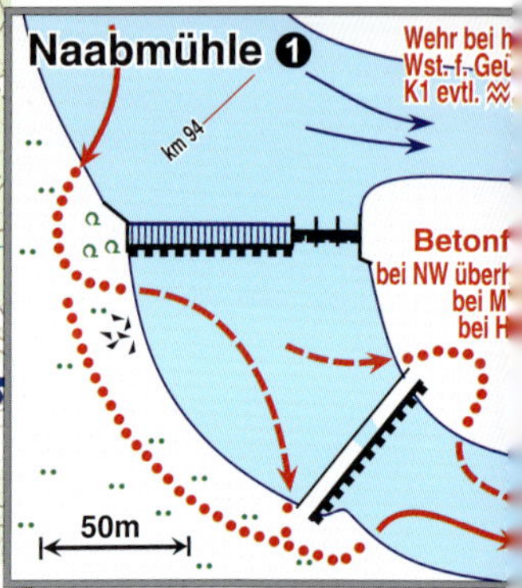

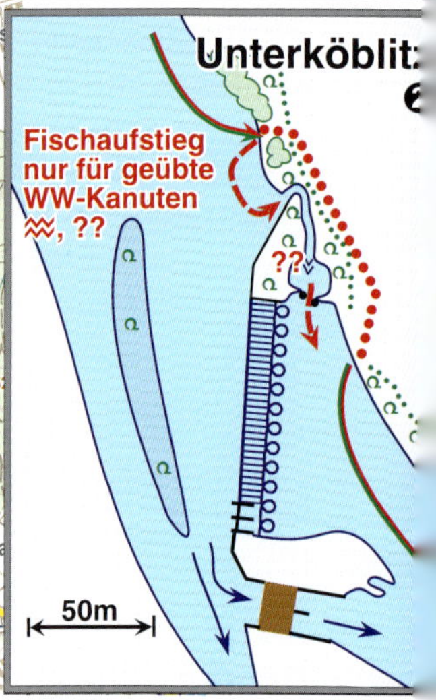

km 94 Das *Wehr* an der **Naabmühle** mit der in 100 Meter folgenden Steinbarriere wird rechts umtragen. Bei NW kann man das Boot auch über die Barriere ziehen. Alternativ bietet sich ggf. die neu erstellte Umlaufrinne zur Befahrung an. Die idyllisch am Fuße des Galgenbergs gelegene Naabmühle wird bereits in einer Urkunde aus dem Jahre 1465 als Mahlmühle erwähnt. Vorher dürfte hier ein Eisenhammer in Betrieb gewesen sein, wie Funde von Schlacken und Kohleresten vermuten lassen. Heute dient sie der Stromerzeugung.

Wehr ❶
(rechts ca. 200 m umtragen)

Auf der Folgestrecke begleitet die Eisenbahnlinie auf der rechten Seite auch weiterhin den Fluss. Abgeknickte Bäume und Äste zeugen von einem heftigen Unwetter das die Region wohl vor kurzer Zeit heimgesucht hat.

An der Straßenbrücke des Ortsteils **Oberköblitz** führt links eine Treppe hinauf zu einem schattenlosen ***Rastplatz***. Ein rund 200 Meter entfernter ***Gasthof*** an der Durchgangsstraße bietet Zimmer und Oberpfälzer Schmankerln. Eine Reihe schöner ***Wanderungen*** lassen sich in dieser Gegend unternehmen, so zum Beispiel zum 578 m hohen ***Feistelberg***.

km 88,5

Gasthof Zehentbartl
(09604) 22 16

Rechts einer Insel weist eine Tafel zum paddlerfreundlichen ***Gasthof Sperl*** gegenüber dem Bahnhof **Wernberg**. Er verfügt über einen eigenen Anlegesteg und ist beliebter Treffpunkt einheimischer Paddler mit preiswerter Regionalküche, Biergarten, Kinderspielplatz, günstigen Zimmern und Zeltmöglichkeit. Das unmittelbar folgende ***Wehr Wernberg-Unterköblitz*** ist links am Fischaufstieg zu umtragen.

km 87,5

Gasthof Sperl
(09604) 22 31

❷ **Wehr**
(links ca. 100 m umtragen)

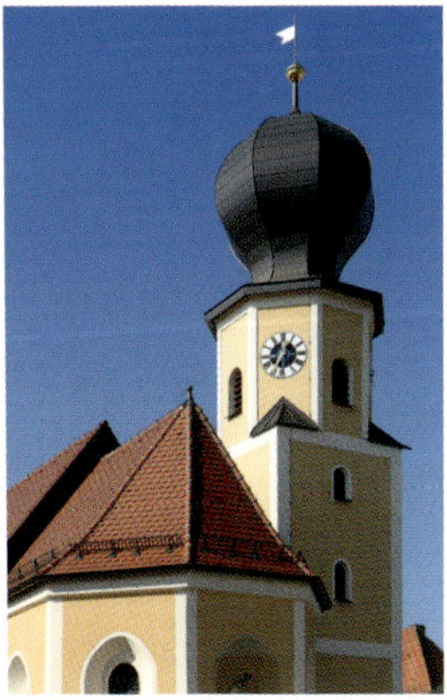

St.-Anna-Kirche in Wernberg.

Der Doppelort **Wernberg-Köblitz** wird überragt von der schon 1280 urkundlich erwähnten ***Burg Wernberg***, in der sich heute ein Luxushotel mit 2-Sterne-Küche befindet. Von der Straßenbrücke der B 14 gelangt man links nach 500 Metern Fußweg zum Marktplatz und weiter zur malerischen Burg.

km 87,2

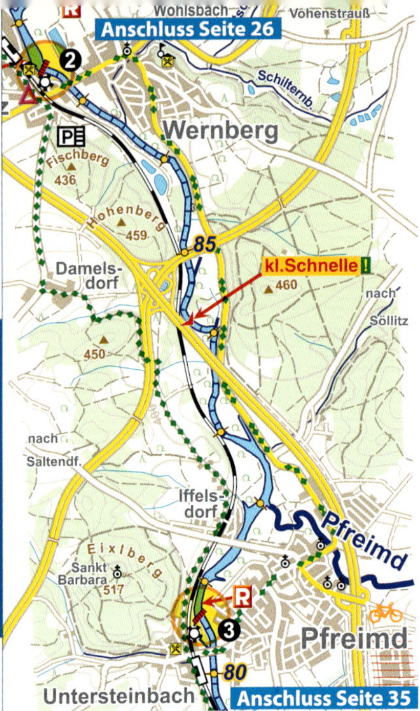

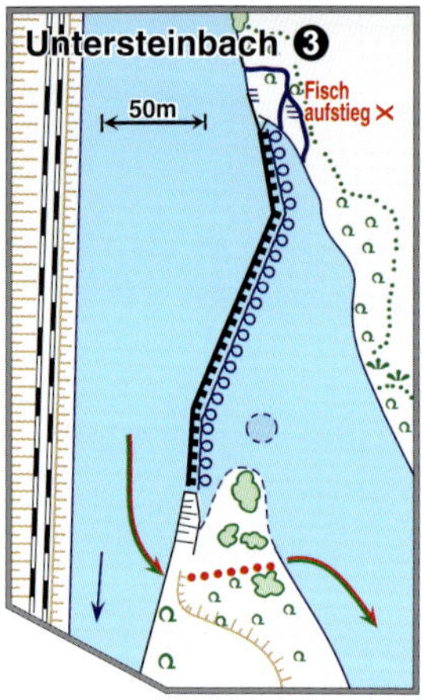

Im weiteren Verlauf geht es durch einen schönen, fast waldschluchtartigen Flussabschnitt. Leider wird der Naturgenuss durch den Lärm der zu unterfahrenden Autobahnbrücken der A 6 und A 93 etwas geschmälert.

km 82 Von links mündet die aus dem Böhmischen heranfließende ***Pfreimd***, ein abschnittsweise malerischer Kleinfluss bis WW II. Teilweise kraftwerksreguliert mit vielen Wehren, ist ihr bester Wasserstand im Frühjahr und Frühsommer.

km 81,6 An der Straßenbrücke geht es links in die historische Altstadt des kleinen Orts **Pfreimd**, ehemals Residenzstadt der Leuchtenberger. *Hier findet man neben der **barocken Pfarrkirche** (15. Jh.) mit Stukkierungen von Johann Schmuzer, Reste der Schloßanlage und das Turmmaurerhaus, das älteste profane Bauwerk der Stadt.*

km 80,7 Das *Wehr* von **Untersteinbach** wird rechts umtragen. Vorsicht bei Hochwasser! Die Umgehungsrinne ist ggf. nach Ansehen mit Kunststoffeinern befahrbar.

R

Wehr (ca. 100 m ❸ rechts umtragen)

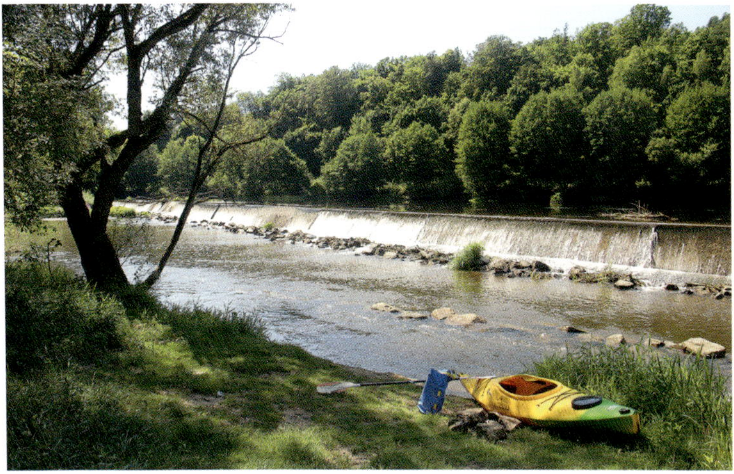

Wiedereinsetzen am Wehr Untersteinbach.
Bei Hochwasser stellt das Wehr eine große Gefahr dar.

km 80,3

An der Straßenbrücke Untersteinbach liegt rechts der ***Bahnhof*** Pfreimd und unweit dahinter eine Gaststätte. Der Bahnhof ist Ausgangspunkt des ***Pfreimdtal-Radwegs*** (Pfreimd-Trausnitz-Böhmischbruck-Moosbach-Waidhaus-Eslarn-Grenzübergang Tillyschanz), entlang des idyllischen Flusslaufs der Pfreimd.

Gaststätte zum Stern
(09606) 13 58

km 77,8

Bei **Perschen** lohnt unbedingt ein Stopp beim *Edelmannshof, einer Hofanlage mit dazugehöriger romanischer **Kirche St. Peter und Paul**, 1161 erstmals erwähnt und eines der bedeutendsten und ältesten Kirchenensembles Bayerns. Kirche und Beinhaus sind meist versperrt (Schlüssel bei der Familie Süss, Tel. (09433) 67 66). Die Kirche ist eine romanische Pfeilerbasilika aus dem 13. Jahrhundert und in der doppelgeschossigen Friedhofskapelle mit dem unterirdischen Karner aus dem späten 12. Jahrhundert sind die romanischen Fresken in der Halbkuppel bemerkenswert – sie wurden noch nie übermalt.* Die ehemalige Pfarrhof-

Campingplatz Perschen
(09433) 93 68

Wirtshaus im Freizeitzentrum „Zum Wiesenbacher“
(09433) 376

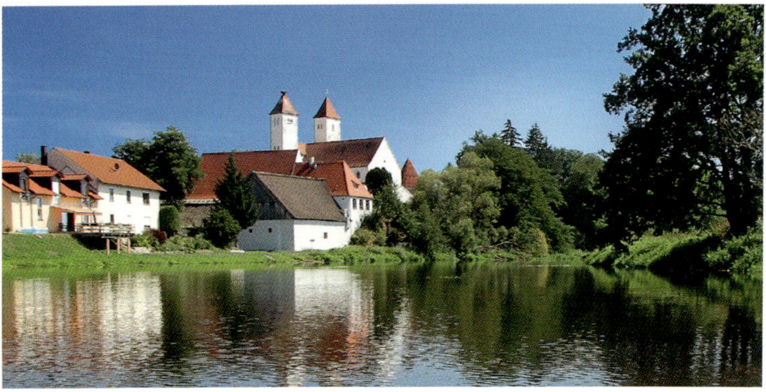

Ein "Muss" an der Naab – Wallfahrtskirche Perschen und Edelmannshof.

anlage ist heute ***Bauernmuseum***, in dem das „Brotzeitstüberl" mit unverfälschter Oberpfälzer Küche den Gast verwöhnt.

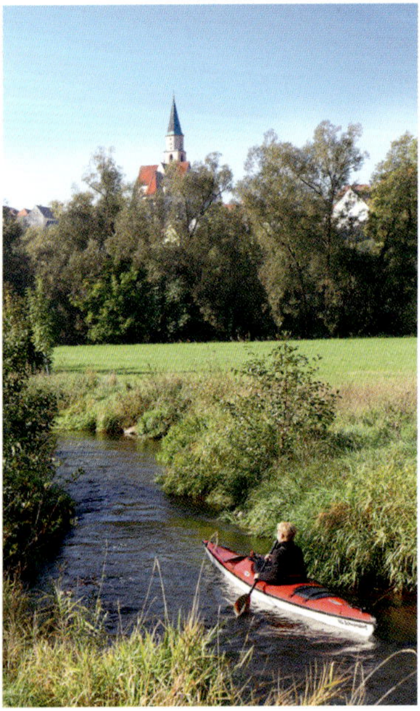

Umlaufrinne Nabburg-Wiesmühle

Für den zwischen Bauernmuseum und Oberpfälzer Freilandmuseum gelegenen *Campingplatz Perschen* am Freizeitzentrum (beheiztes Freibad, Erlebnisbecken mit Großwasserrutsche) braucht man einen Bootswagen, denn der Platz ist 800 Meter von der Naab entfernt.

Die Hofanlage ist auch Keimzelle des etwa drei Kilometer Fußweg entfernten ***Oberpfälzer Freilandmuseums*** in **Neusath-Perschen**. *Auf dem 30 ha großen Gelände werden in rund 50 wiedererrichteten Gebäuden Leben und Wohnen der Menschen in der Oberpfalz der vergangenen Jahrhunderte gezeigt. Tiere alter Rassen stehen in den Ställen und auf den Weiden des im Jahre*

1964 gegründeten Freilichtmuseums. Bei schönem Wetter bietet das Museumswirtshaus regionale Spezialitäten wie Bauernseufzer mit Sauerkraut, Hausmacherpresssack oder Oberpfälzer Bauerngeräuchertes. Sonntags wird überdies das sehr beliebte und von der Bäckerinnung prämierte Holzofenbrot gebacken und kommt gegen 14 Uhr duftend aus dem Ofen.

In der Regel ist die gut beschilderte Umlaufrinne des *Wehrs* **Nabburg-Wiesmühle** problemlos befahrbar, auch für Kanueinsteiger und mit offenen Kanadiern. Das macht mehr Spaß und vermeidet die Mühen der ansonsten sehr langen Umtragung. Achtung: Die Umlaufrinne, das „Wiesmühlbacherl", zweigt bereits 200 Meter vor dem Wehr ab! Unbedingt vorab besichtigen und auf Schwemmgut prüfen! Sicherheitshalber ist die rot-weiße Messlatte als Höhenkontrolle an der Einfahrt wegen der nachfolgenden Rohrdurchfahrt zu beachten.

km 76,5

❹ **Wehr**
(links 400 m umtragen), Umlaufrinne befahrbar

Etwa 100 Meter vor der Straßenbrücke gibt es am linken flachen Ufer die Möglichkeit anzulanden, um zwischen der Häuserzeile hindurch zur dahinterliegenden Perschener Straße zu laufen. Dort bietet ein *Gasthof* eine flussnahe Übernachtungs- und Abstellmöglichkeit für das Kanu.

km 75,8

Gasthof „Zur Krone"
(09433) 96 08

Rechterhand liegt an der Nordgauhalle die ***Ein- und Aussetzstelle*** für Tagesfahrer (kostenlose Parkplätze), sowie ein Zeltplatz (vorherige Anmeldung unbedingt erforderlich) mit Duschen, WC, Tipis, Hütten und überdachten Feuerstellen. Von hier erreicht man die sehr lohnende Altstadt in zehn Minuten Fußweg, dort befinden sich auch die beiden *Gasthöfe „Zum Stern"* und *„Schwarzer Adler"*. Zum ***Bahnhof*** sind es nur wenige hundert Meter (Bahnverbindung nach Schwandorf und Luhe-Wildenau).

km 75,6

Zeltplatz: Huber
(09642) 35 73 und 0175-360 45 62

Gasthof „Zum Stern"
(09433) 96 28

Gasthof „Schwarzer Adler"
(09433) 67 36

Blick auf Nabburg

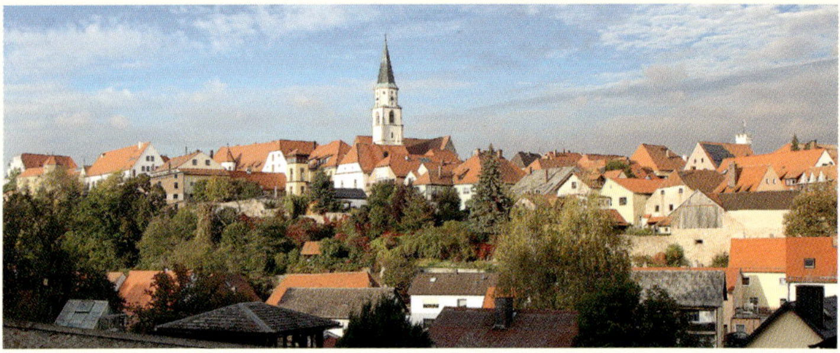

Blick auf die Altstadt von Nabburg. Auf einem rund 450 Meter langen Bergrücken gelegen, bot die Stadt in unruhigen Zeiten gute Verteidigungsmöglichkeiten.

Um das 9. Jahrhundert herum erfolgte die Gründung der heutigen Oberstadt Nabburg. Dank ihrer Lage auf dem Berg, war sie von Beginn an Mittelpunkt militärischer Überlegungen und fester Stützpunkt der Grafen im Nordgau. Mitte des 15. Jahrhunderts begann man die Stadtbefestigung auszubauen und bald schon bot sie das Bild einer wehrhaften und reichen Stadt. Sowohl die Brandschatzung hussitischer Truppen im Jahre 1420, als auch der Dreißigjährige und der Siebenjährige Krieg hinterließen ihre Spuren. Nabburg besitzt heute eine besonders reizvolle Altstadt mit einer fast vollständig erhaltenen Stadtmauer, dazu die Zugänge Mähntor und Obertor, Wahrzeichen der mittelalterlich wirkenden Stadt, die 1296 das Stadtrecht bekam. Hier erlebt man die 1.000-jährige Geschichte auf Schritt und Tritt. Und vom gemütlichen Biergarten des Gasthauses Stern in der Oberstadt sieht man hinab ins Naabtal und auf den gegenüber liegenden Stadtteil Venedig mit der Nikolauskirche – auf so manchem Turm entdeckt man ein Storchennest.

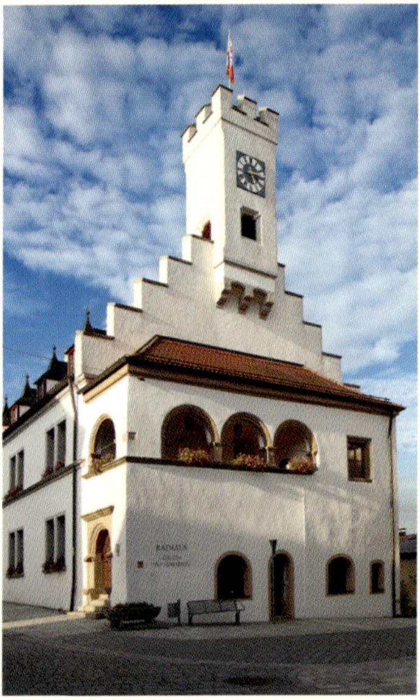

Das Nabburger Rathaus.

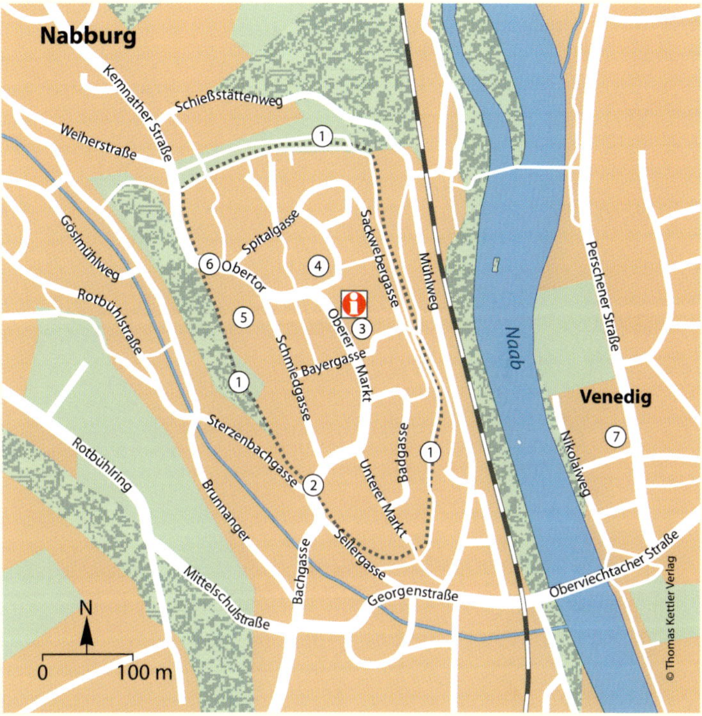

Gästeinformation,
Oberer Markt 16, 92507 Nabburg, Tel. (09433) 18 26, www.nabburg.de

① ***Historische Altstadt*** mit einer fast vollständig intakten Stadtmauer.

② ***Mähntor*** ein rechteckiger Turm mit einem zinnengekrönten Vorbau (1532).

③ ***Rathaus*** (ab 1417), mit Renaissanceanbau, Treppe mit Loggia, Uhrturm.

④ ***Stadtpfarrkirche*** St. Johannes der Täufer (1290-1349).

⑤ ***Stadtmuseum Zehentstadel*** (1547) mit wechselnden Ausstellungen, Apr-Okt Di-So 14-17, Eintritt 1 €.

⑥ ***Obertor*** achteckiger, zweigeschossiger Torturm am nordwestlichen Ausgang der Altstadt (1565).

⑦ ***Ortsteil Venedig mit Nikolauskirche,*** einer dem Patron der Schiffer geweihten romanischen Hallenkirche (12. Jh.), heute eine Gedenkstätte.

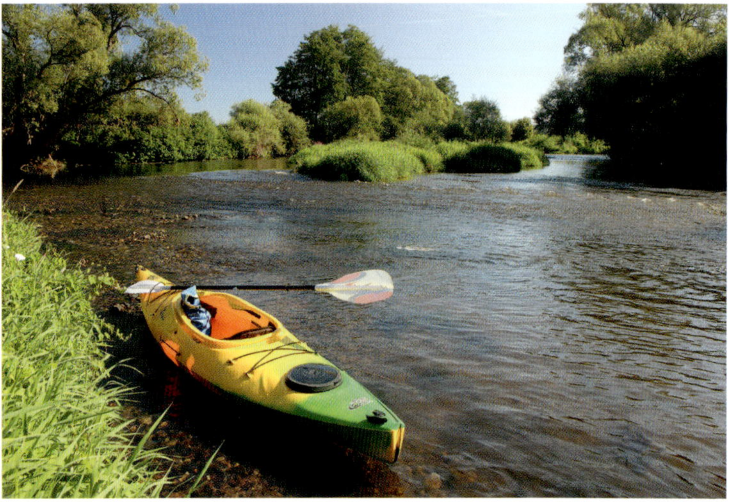

Die Flusslandschaft unterhalb Nabburgs ist besonders reizvoll.

Nach einem kurzen, schnurgeraden Flussabschnitt folgt ein windungsreicher Abschnitt mit Kiesbänken, kleinen Schwallstrecken und bewachsenen Flussinseln. Am besten hält man sich immer in der Hauptströmung. Dieser Streckenabschnitt ist besonders naturnah und hier hat die Naab, anders als sonst, auch spürbare Strömung.

km 69,7 Straßenbrücke Brensdorf/Wölsendorf mit dem inzwischen geschlossenen ***Besucherbergwerk Kocherstollen***. *Früher wurde dort Flussspat abgebaut (auch Florit, bunte Mineralien in kristalliner Form, die man nicht nur als Schmuck, sondern vor allem für industrielle Zwecke verwendete).* Die Lärmbelästigung der BAB A 93 auf der linken Seite trübt etwas den Fahrgenuss auf der Folgestrecke bis Schwarzenfeld.

km 66,8 Links mündet die ***Schwarzach***, ein im Frühjahr sehr empfehlenswerter Kleinfluss der naturnah und mit vielen Schlingen 36 Kilometer von Neunburg vorm

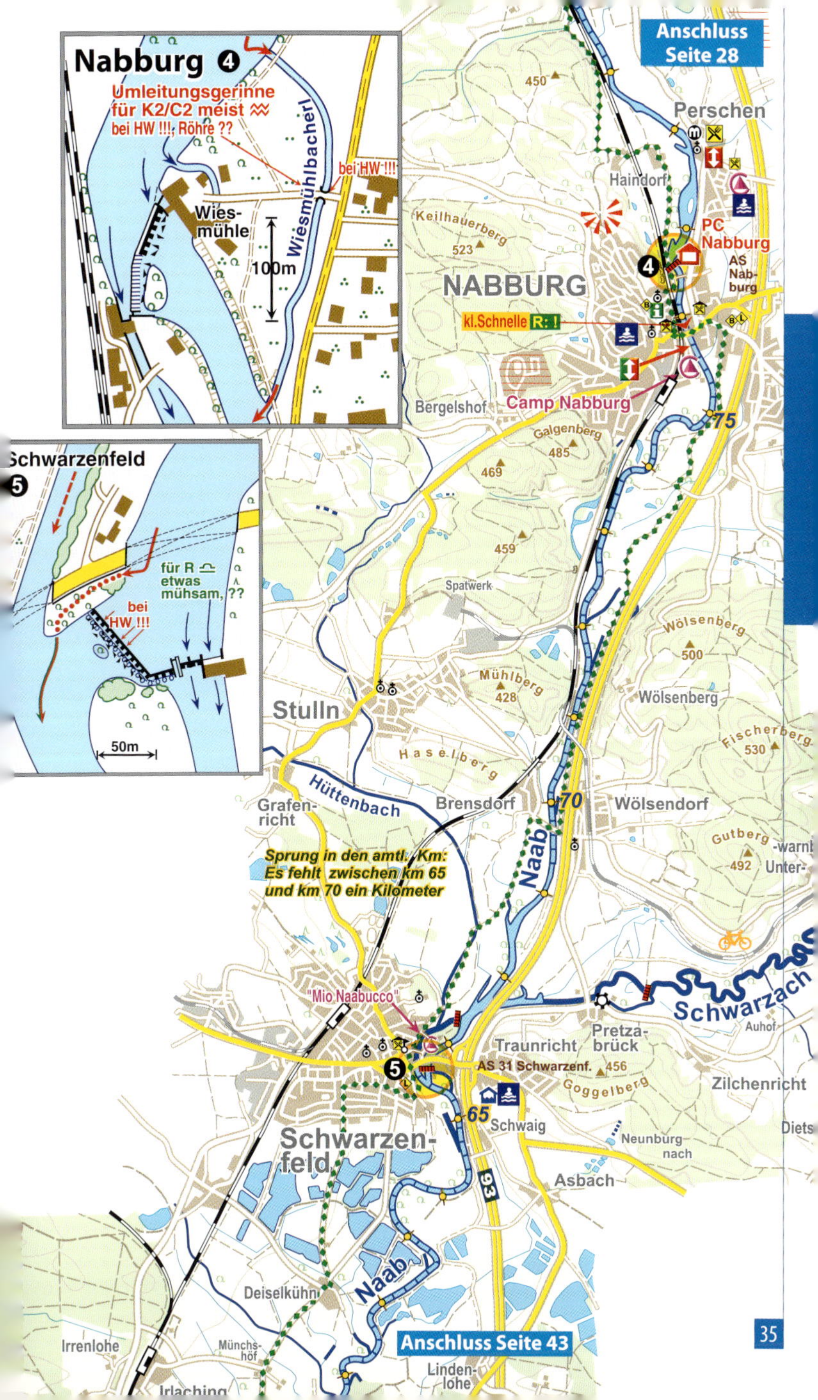

Nabburg 4
Umleitungsgerinne für K2/C2 meist
bei HW !!!, Röhre ??
Wiesmühlbacherl
bei HW !!!
Wies-mühle
100m
Schwarzenfeld 5
für R etwas mühsam, ??
bei HW !!!
50m
Anschluss Seite 28
450
Perschen
Haindorf
Keilhauerberg
523
PC Nabburg
AS Nabburg
NABBURG
kl.Schnelle R: !
Bergelshof
Camp Nabburg
Galgenberg
485
469
75
459
Spatwerk
Wölsenberg
500
Wölsenberg
Mühlberg
428
Stulln
Haselberg
Fischerberg
530
Grafenricht
Hüttenbach
Brensdorf
70
Wölsendorf
Gutberg
492
Unter-
Naab
Sprung in den amtl. Km: Es fehlt zwischen km 65 und km 70 ein Kilometer
"Mio Naabucco"
Schwarzach
Pretzabrück
Auhof
Traunricht
AS 31 Schwarzenf.
456
Goggelberg
Zilchenricht
65
Schwaig
Schwarzenfeld
Neunburg nach
Asbach
93
Naab
Deiselkühn
Irrenlohe
Münchshof
Anschluss Seite 43
Lindenlohe
Irlaching

Wald bis nach Schwarzenfeld durch eine idyllische Talaue zieht. Ein schöner und wenig frequentierter Radweg auf einer ehemaligen Bahntrasse begleitet den Fluss.

km 66,4

Zeltplatz Schwarzenfeld
(09453) 309-0

Gaststätte Mio Naabucco
(09435) 30 73 73

Voraus liegt die große ***Insel „Schwarzenfelder Schlosspark"*** an der man links vorbeifährt und somit das Wehr im rechten Arm auslässt. Hier ist ein schöner *Zeltplatz* neben der Wasserwacht, erkennbar an dem hölzernen Bootssteg und der Beschilderung (Voranmeldung erforderlich) mit Spielplatz, Sitzgruppe etc. aber leider auch lärmgeplagt, da die sich die A 93 fast gegenüber befindet!

km 65,9

Straßenbrücke Schwarzenfeld

Hotel Schloss Schwarzenfeld
(09435) 555-0

Rechterhand befindet sich jenseits der Insel das moderne *Schlosshotel Schwarzenfeld* (hochpreisig) mit orientalisch anmutenden Türmen (1990 nach einem Brand des alten Schlosses erbaut). Sehenswert ist auch die geschmackvoll renovierte barocke Alte Pfarrkirche mit schönen Fresken und Stuck.

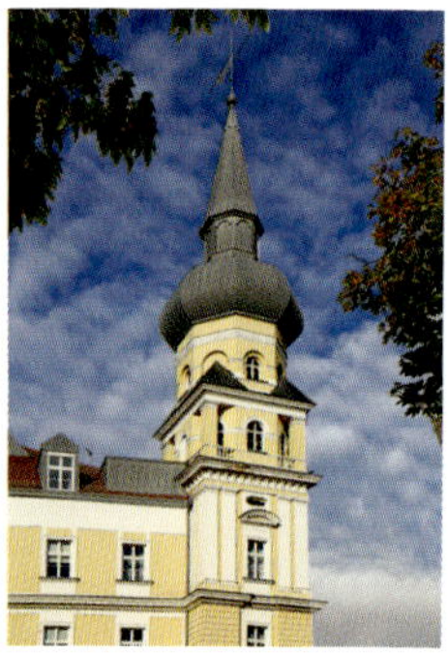

Schloss Schwarzenfeld.

Das im Frühjahr von leuchtend gelben Rapsfeldern umgebene ***Kloster Miesberg*** mit seiner Wallfahrtskirche, hoch oben über dem Städtchen, ist einen Spaziergang wert. *Von einem amerikanischen Pater 1935 gegründet und von ihm während der NS-Zeit sogar bewohnt, war es letztendlich ein Segen für die Schwarzenfelder. Ihm, dem Pater Viktor Koch, ist zu verdanken, dass die Amerikaner den Ort nicht noch in den letzten Tagen des Krieges als Vergeltung für die Ermordung von KZ-Häftlingen mit Granaten zerstörten.*

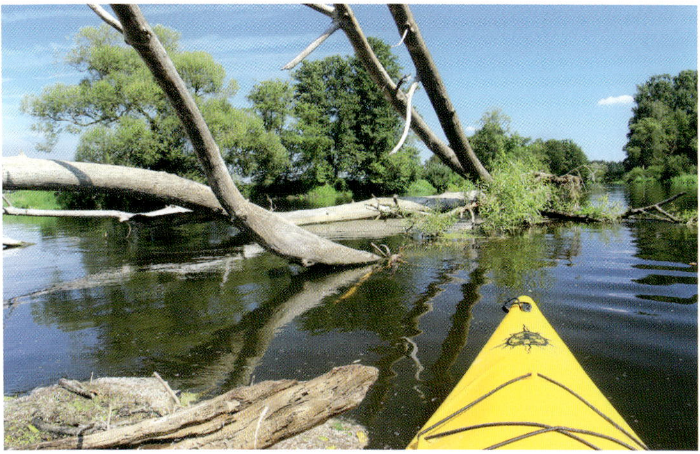

Eine echte "Urlandschaft" bei Deiselkühn.

Am *Wehr* in **Schwarzenfeld**, an dem man rechts in den Altarm umträgt, entwickelt sich bei Hochwasser ein Sog, daher nicht zu dicht an die Wehrkrone heranfahren! Nun windet sich die Naab in weiten Mäanderbögen und sanfter Strömung durch ein flache, aber angenehm ruhige Landschaft, die Autobahn entfernt sich immer weiter vom Fluss. Zahlreiche Altarme mit Seerosenfeldern und umgestürzte Bäume begeistern und steigern das Flusserlebnis.

km 65,8

5 Wehr (rechts 50 m umtragen)

Rechts liegt der Ort **Deiselkühn** mit zahlreichen Seen die sich nach Osten in der Oberfälzer Seenplatte fortsetzten (dort mögliches Basislager für Camper mit guten Bademöglichkeiten, Infos: www.oberpfaelzer-seenland.de). Heute kann man sich kaum mehr vorstellen, dass diese Region das „Ruhrgebiet Bayerns" war. Bis in die 1980er Jahre wurde im großen Stil Braunkohle abgebaut. Inzwischen ist hier ein kleines Urlaubsparadies entstanden.

km 62,2

Rechts befindet sich das sogenannte kleine *Hollerwehr*, besser im Hauptarm links weiterfahren!

km 58,4

km 57,3

Wehr ❻
(rechts ca. 50 m umtragen)

Das *Wehr* **Fronberg** muss rechts über eine kleine Insel umtragen werden. Links befindet sich das in Privatbesitz befindliche ***Schloss Fronberg***. Die kunsthistorisch bedeutende Anlage mit den Renaissance-Arkaden im Innenhof des Hauptbaus der Dreiflügelanlage, kann leider nicht besichtigt werden. Die nahe Brauereiwirtschaft, 1420 gegründet, zieht mit ihrer urigen Gemütlichkeit Wanderer, Radfahrer und Kanufahrer an. Die gegenüberliegende St. Wendelinkapelle ist dem Patron der Viehhirten geweiht, hier sammelte einst der Viehhüter die Rinder der Gemeinde und des ehemaligen Schlossherren, um sie zur Hutweide zu bringen.

Einen Besuch wert ist das ***Oberpfälzer Künstlerhaus***. *Es wurde in den Jahren 1886-88 als Wohnhaus erbaut und erhielt im Laufe seiner Geschichte den Hausnamen „Kebbel-Villa". Nach einer Renovierung wandelte sich das stilvolle Wohnhaus zu einem Museum, dessen umfangreiche Sammlung Werke zeitgenössischer bildender Kunst aus der Region zeigt.*

Linkerhand rückt nun ein waldreicher Höhenzug an den Fluss heran.

km 56,4

Wehr ❼
(rechts ca. 50 m umtragen)

Das große *Hollerwehr* am Ortseingang der Stadt **Schwandorf** muss rechts umtragen werden.

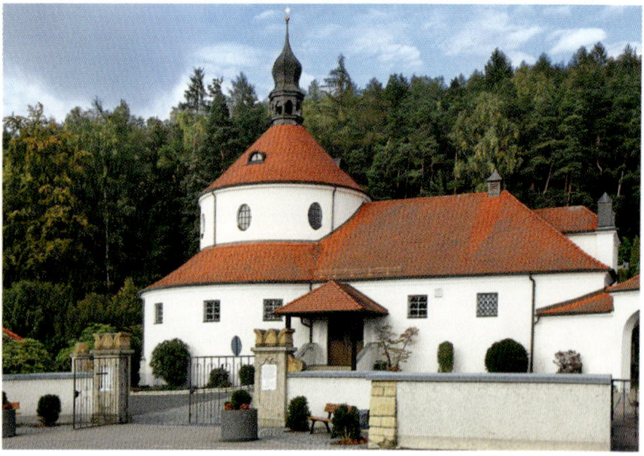

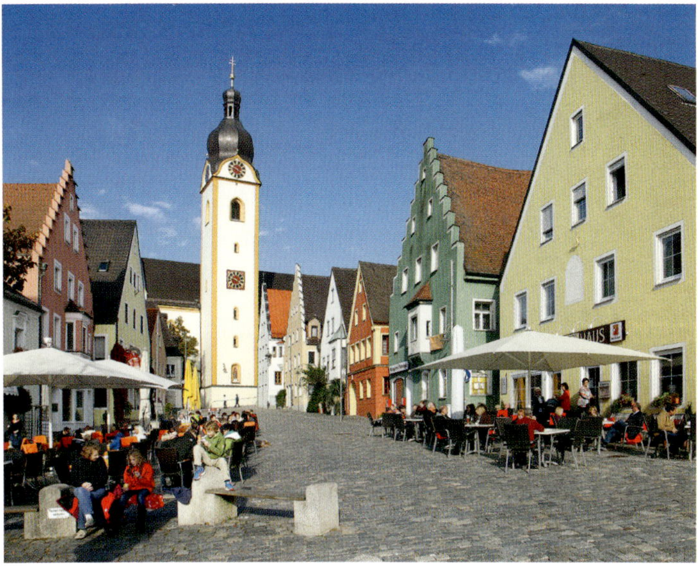

Die Häuser auf dem historischen Marktplatz Schwandorfs treten mit ihren Giebelseiten staffelförmig zurück und schaffen Raum für die sogenannten "Neugierdsfenster".

Stadtbesucher legen hinter der Straßenbrücke der B 15 rechts an, um über die Brücke die wenigen Schritte zum historischen Marktplatz von Schwandorf zu laufen. Schräg gegenüber, noch vor der Brücke, bietet sich der *Gasthof Baier* als flussnahe Übernachtungsmöglichkeit an, Boote können dort auch deponiert werden.

km 55,2

Gasthof Baier
(09431) 23 86

Wer bleiben und im Zelt übernachten möchte, biegt gleich links in den ***Werkkanal*** ein und paddelt 100 Meter stromauf zum gastfreundlichen *Kanuclub Schwandorf* (Voranmeldung erforderlich), dessen Gelände rechts vor der Brücke liegt. Direkt vor dem Gelände des Kanuclubs befindet sich ein kleiner Biergarten. Der Weg zum Marktplatz ist nur kurz und auch der Bahnhof nur etwa 200 Meter weit entfernt und bietet sich zum Nachholen des Fahrzeugs an.

km 55

Zeltplatz KC Schwandorf
(09431) 416 19

Blick auf Schwandorf

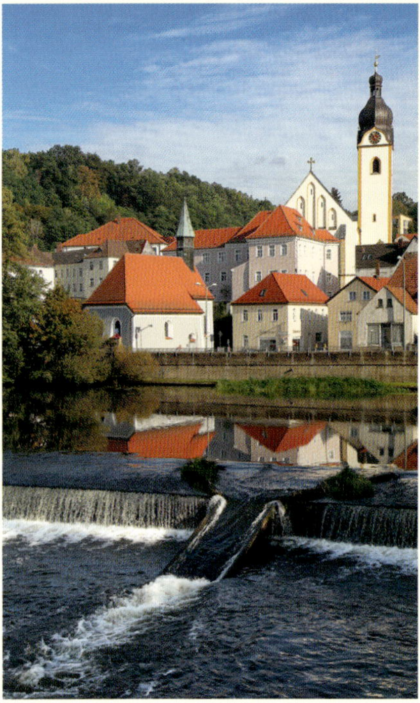

Die Bootsrutsche im Nebenarm der Naab ist nur für Einerkajaks befahrbar.

Schon in der Römerzeit war die Naab ein wichtiger Handelsweg und flach genug, so dass furten hier bequem möglich war. Somit bot sich im Kreuzungsbereich von Fluss und Straße die Gründung einer Siedlung geradezu an. Schwandorf wurde 1006 erstmals genannt und erhielt 1451 das volle Stadtrecht. Bereits 1158 wusste man von einem Binnenhafen zu berichten, dessen wichtigsten Handelsgüter Salz und Eisen waren. Der Stadtplatz mit seinen schönen Bürgerhäusern ist der strahlende Mittelpunkt der Großen Kreisstadt. Hier befindet sich auch der ehemalige Gasthof zur Post in dem schon Johann Wolfgang von Goethe und Carl Spitzweg speisten. Schwandorf wurde im Zweiten Weltkrieg fast völlig zerstört, das Stadtbild ist daher überwiegend von Nachkriegs-Architektur geprägt. Neben dem Stadtplatz sind vor allem die tief im Eisensandstein-Untergrund angelegten Felsenkeller mit über 130 Kellerräumen (ehemals Lagerstätten der einheimischen Bierbrauer) und die gotische Pfarrkirche St. Jakob sehenswert. Im markanten Blasturm, dem Wahrzeichen der Stadt, wurde Konrad Max Kunz geboren, der Komponist der Bayernhymne. Auf dem Kreuzberg (408 m) befindet sich das doppeltürmige Marienmünster, eine modern-barockisierte Wallfahrtskirche die aus den Trümmern der Bombenangriffe entstand. Schwandorf ist auch das Zentrum des Oberpfälzer Seenlandes, einer Ferienregion, die nach den erfolgreichen Protesten einer breiten Bevölkerungsmehrheit gegen den Bau der Wiederaufbereitungsanlage Wackersdorf entstand.

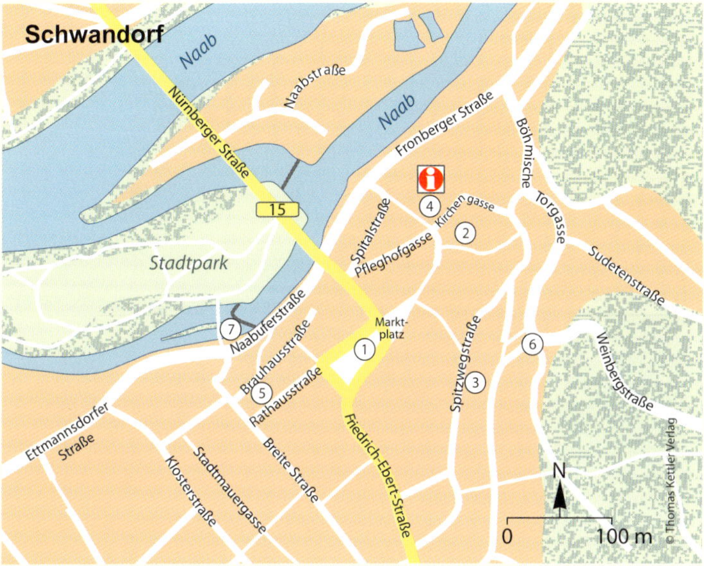

Tourismusbüro, Kirchengasse 1, 92421 Schwandorf, Tel. (09431) 455 50, www.schwandorf.de

① ***Marktplatz*** mit schön renovierten Bürgerhäusern und Glockenspiel, 2x tgl., um 10 und 17 ertönt die Bayernhymne.

② ***Gotische Pfarrkirche St. Jakob*** (15. Jh.).

③ ***Historischer Felsenkeller*** mit mehr als 130 Räumen im Eisensandstein des Schwandorfer Berges (Führung), hier wurde das Bier der örtlichen Brauereien gelagert (im Zweiten Weltkrieg auch Luftschutzbunker). Führungen im Tourismusbüro erfragen, Gebühr 3,50 €, ermäßigt 2,50 €.

④ ***Historischer Pfleghof,*** 1584 nach einem Brand neu aufgebaut, ist der Pfleghof eines der ältesten Gebäude in Schwandorf. Heute beherbergt es das Tourismusbüro und die Volkshochschule.

⑤ ***Stadtmuseum*** im alten Rathaus, ehemals die erste Schwandorfer Apotheke, Öffnungszeit: Do 11-16.30, So 14-17, Eintritt 1 € ermäßigt 0,50 €.

⑥ ***Blasturm*** mit Resten der mittelalterlichen Stadtbefestigung, Wahrzeichen von Schwandorf, (von Carl Spitzweg gemalt).

⑦ ***Wasserräder*** an der Naab, gegenüber dem Stettnerplatz (heute Stromerzeugung für Beleuchtung des Stadtparks).

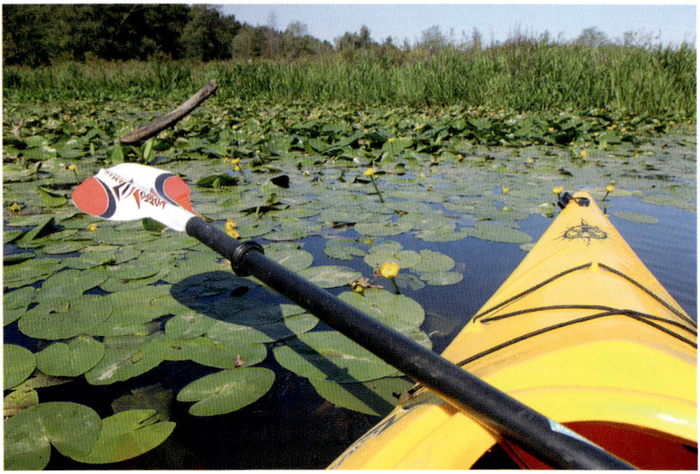

Seerosenfelder bei Schwandorf.

km 53,3

Wehr 8
(rechts ca. 50 m umtragen)

Das *Wehr* **Ettmannsdorf** wird rechts umtragen. Gegenüber liegt das ehemalige ***Hammerschloss***, ein um 1600 errichteter Walmdachbau und vis-à-vis das aus dem 18. Jahrhundert stammende neue Schloss mit Kirche, Internat und Berufsschule. Im Umfeld von Ettmannsdorf begeistert ein schöner Flussabschnitt mit stillen Altarmen, ganz besonders stimmungsvoll bei Herbstfärbung.

km 52,9

Hotel-Gasthof Ziegelhütte
(09431) 41 00-0

Rechterhand, 200 Meter nach der Brücke, fährt man an einem Bachlauf vorbei und landet in einer Bucht an. Hier gibt es einen guten Zustieg für Tagesfahrer bei einem Kinderspielplatz (Parkmöglichkeit) in der Wöhrangerstraße. In der Verlängerung liegt der *Hotel-Gasthof Ziegelhütte*. Nach kurzer Fahrstrecke paddelt man am Ort **Dachelhofen** vorbei.

km 49,8

Links befindet sich eine Ableitung für das Kühlwasser einer Müllverbrennungsanlage zur Fernwärmegewinnung. Früher befand sich hier ein riesiger Industriekomplex des ehemaligen Braunkohle-

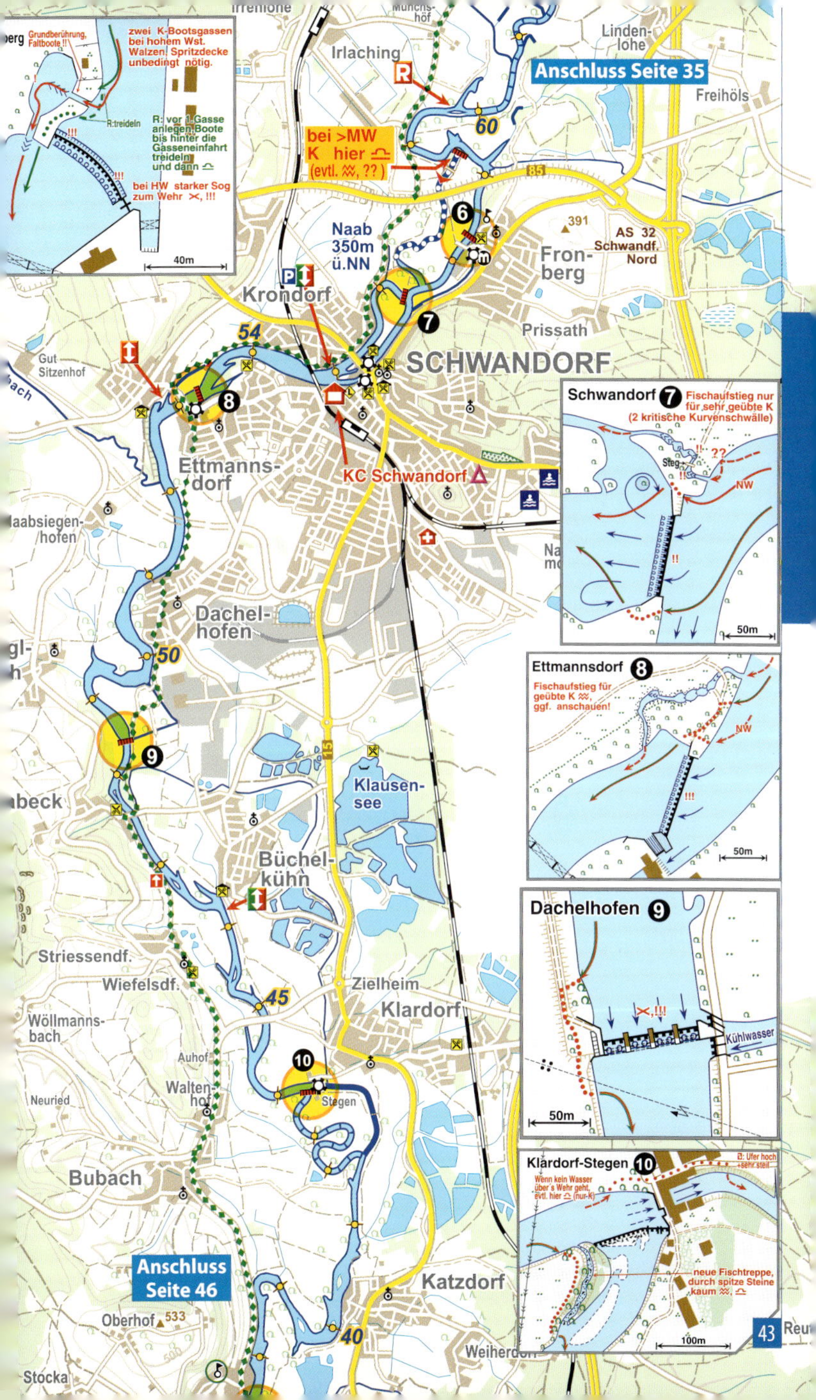

zwei K-Bootsgassen bei hohem Wst. Walzen! Spritzdecke unbedingt nötig.
Grundberührung, Faltboote !!
R:treideln
R: vor 1. Gasse anlegen, Boote bis hinter die Gasseneinfahrt treideln und dann ⏏
bei HW starker Sog zum Wehr ✕, !!!
40m
Irlaching
Linden-lohe
Anschluss Seite 35
Freihöls
60
bei >MW K hier ⏏ (evtl. ≈, ??)
85
Naab 350m ü.NN
391
AS 32 Schwandf. Nord
Fron-berg
Krondorf
Prissath
54
SCHWANDORF
Gut Sitzenhof
Ettmanns-dorf
KC Schwandorf
Schwandorf 7 Fischaufstieg nur für sehr geübte K (2 kritische Kurvenschwälle)
Steg
NW
50m
Naabsiegen-hofen
Dachel-hofen
50
Ettmannsdorf 8
Fischaufstieg für geübte K ≈, ggf. anschauen!
NW
50m
Klausen-see
Büchel-kühn
Dachelhofen 9
✕, !!!
Kühlwasser
50m
Striessendf.
Wiefelsdf.
Wöllmanns-bach
45
Zielheim
Klardorf
Auhof
Neuried
Walten-hof
Stegen
Bubach
Klardorf-Stegen 10
Ufer hoch + sehr steil
Wenn kein Wasser über's Wehr geht, evtl. hier ⏏ (nur-K)
neue Fischtreppe, durch spitze Steine kaum ≈, ⏏
100m
Anschluss Seite 46
Katzdorf
Oberhof 533
40
Weiherdorf
Stocka

Dampfkraftwerkes das die Braunkohle aus dem Wackersdorfer Tagebau verarbeitete. Die über 100 Meter hohen Kühltürme wurden bereits 2003 gesprengt.

km 48,4

Wehr (rechts ca. 150 m umtragen) ⑨

Die *Staustufe* **Dachelhofen** wird am rechten Ufer umtragen.

km 47,5

Gasthaus Beer
(09431) 36 16

Der waldschluchtartige Abschnitt vor der Straßenbrücke bei **Naabeck** entschädigt für den unschönen Flussabschnitt durch das Industriegebiet südlich von Schwandorf. Wenn man hinter der Straßenbrücke rechts nach einem modernen Wohnhaus anlandet, gelangt man über eine steile Straße zum *Gasthof Beer* mit Biergarten. Einige Meter dahinter befindet sich die ***Schloss-Brauerei Naabeck*** (keine Einkehr). Unter Bierkennern gelten die Naabecker Biere seit 1620 als Geheimtipp und sind eine regionale Spezialität, wie die Belieferung einer Vielzahl von Gaststätten in der gesamten Oberpfalz beweist.

km 46,9

Brauereigasthof Plank
(09431) 608 89

Rechts auf einer Anhöhe die den Fluss flankiert, befindet sich der Ort **Wiefelsdorf** mit der sehenswerten ***Kirche St. Peter und Paul*** (Zwiebelturm und barocke Ausstattung), ein absolutes Kirchenkleinod an der Naab. Daneben liegt ein besonders empfehlenswertes bayerisches *Wirtshaus* mit Biergarten, bekannt für eine verfeinerte Regionalküche. Dazu werden regionale Biere auch von der Schlossbrauerei Naabeck serviert. Beide Ziele sind allerdings etwas vom Fluss entfernt!

km 46,3

Hotel-Restaurant Grabinger
(09431) 733-0

Linkerhand am Ende einer Art Halbinsel bietet sich im 200 m entfernten Ort **Büchelkühn** das *Hotel-Restaurant Grabinger* als flussnahe Übernachtungsmöglichkeit an. Man kann hier auf Höhe eines sichtbaren Fußballfeldes anlanden und gelangt in nordöstlicher Richtung zum Hotel (Unterstellmöglichkeit für Boote).

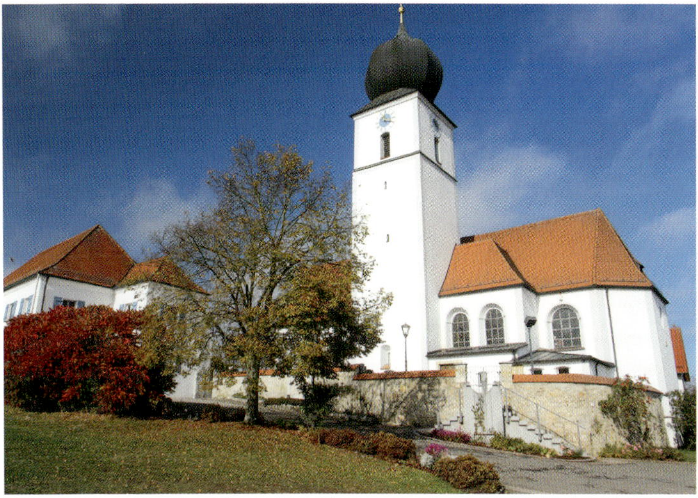

Die spätgotische Marienstatue in der Kirche St. Peter und Paul in Wiefelsdorf ist Anziehungspunkt vieler Wallfahrer.

Nach Unterfahren der Straßenbrücke liegt rechts am Waldrand der Einödhof **Auhof** und links die Siedlung **Zielheim**.

km 44,9

Das *Wehr* **Klardorf-Stegen** wird rechts umtragen, eventuell kann man über den Umgehungsbach treideln, bzw. diesen mit Kajaks befahren, allerdings stören oft überhängende Büsche.

km 43,7

⑩ Wehr
(rechts ca. 100 m umtragen)

An zwei Naab-Inseln vorbei, passiert man den langgestreckten Ort **Katzdorf**, wo am südlichen Ortsrand eine Einsetzmöglichkeit besteht (für Tagesfahrer Parkmöglichkeit entlang der Straße).

km 40

Rechts besteht eine Anlandemöglichkeit um im *Landgasthof Hintermeier* einzukehren. Während es freitags das traditionelle Hausmacher-Buffet mit original bayerischen Schmankerln gibt, steht der Wirt samstags am Grill.

km 37,5

Landgasthof Hintermeier
(09471) 99 24-0

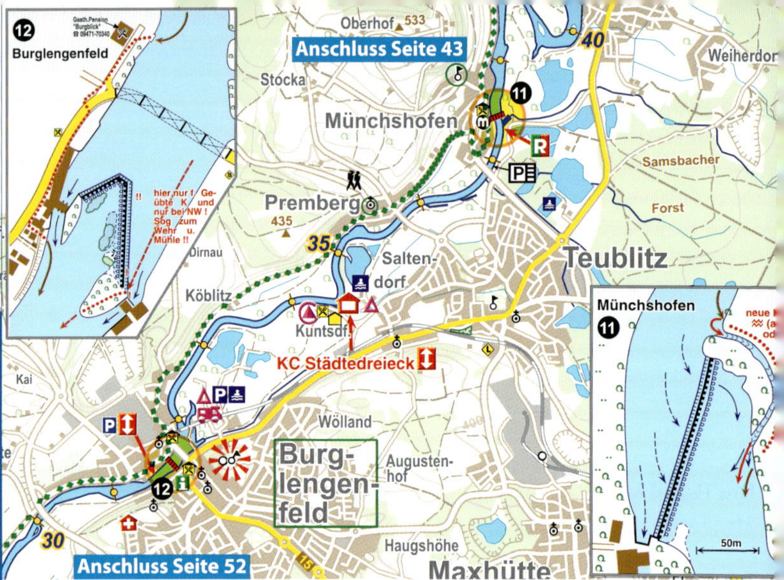

Im Ort rechts am Hang ist das in Privatbesitz befindliche ***Schloss Münchshofen*** in einem bedauernswerten Zustand. *Es gehört in der Oberpfalz zu den seltenen Denkmälern, die vollständig dem Stil der Renaissance folgen. Angeschlossen ist eine barocke Schlosskapelle aus dem Jahr 1772, in der auch heute noch Messen stattfinden.*

Museum (keine feste Öffnungszeit) (09431) 471-421 o. (09471) 60 25 83

Auf der rechten Flussseite befindet sich auf Höhe des *Wehrs* das Gelände des ehemaligen Glasschleif- und Polierwerks aus dem 19. Jahrhundert, dem einzigen vollständig erhaltenen Glaspolierwerk in der ganzen Oberpfalz. Von riesigen Wasserrädern angetrieben, liefen einst hölzerne Poliertische, an denen bis 1953 noch Spiegel- und Fensterglasscheiben bearbeitet wurden. Seit 2003 können Besucher in dem sanierten Gebäude erleben, wie über Jahrhunderte das Glas bearbeitet wurde.

km 37,4

Wehr 11 (links ca. 100 m umtragen)

Das *Wehr* **Münchshofen** umträgt man links neben der Wehrkrone oder treidelt entlang des Umgehungsbaches. Unweit davon (700 m am Fluss

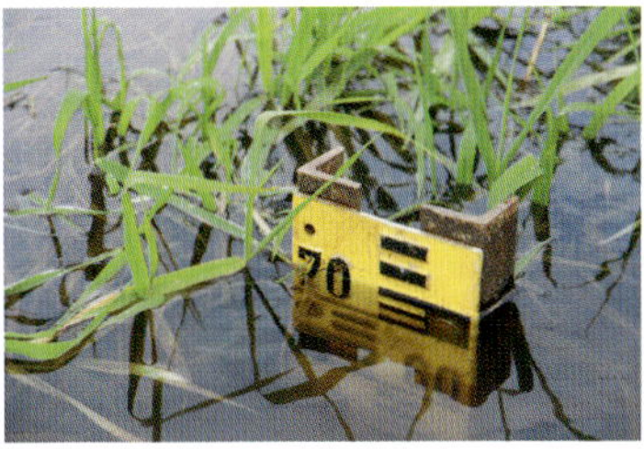

Der Naabpegel nahe Münchshofen gibt Aufschluss über den Wasserstand in diesem Gewässerabschnitt.

entlang) ist auf der gleichen Flussseite der Eingang des ***Wild- und Freizeitparks Höllohe*** mit großem Waldspielplatz und Naturbadeweiher (Eintritt frei).

Der Pegel Münchshofen befindet sich links vor der Straßenbrücke. Über die folgende Brücke nach rechts gelangt man nach Münchshofen, nach links erreicht man **Teublitz** (Barockschloss in einem schönen Park). **km 36,9**

Auf Höhe der nächsten Straßenbrücke liegt rechts der Ort **Premberg**. *Mit seiner **Zwiebelturmkirche** (leider meist verschlossen) schmiegt er sich reizvoll an zwei markante Jurahöhenzüge, den 440 Meter hohen „Vogelherd" und den nur wenig höheren „Seeberg". Premberg, eines der ältesten Dörfer der Oberpfalz, war früher ein wichtiger Umschlagplatz für das auf der Naab verschiffte Salz. Davon zeugt noch heute die den Fluss querende Straße mit dem Namen „Salzstraße". Der alte Kirchturm der Martinskirche soll im Mittelalter ein Aussichtsturm gewesen sein, den angeblich Karl der Große erbauen ließ. Tatsächlich diente er der Bevölkerung als Wehrturm, wohin sie sich bei Gefahr flüchten konnte.* **km 35,7**

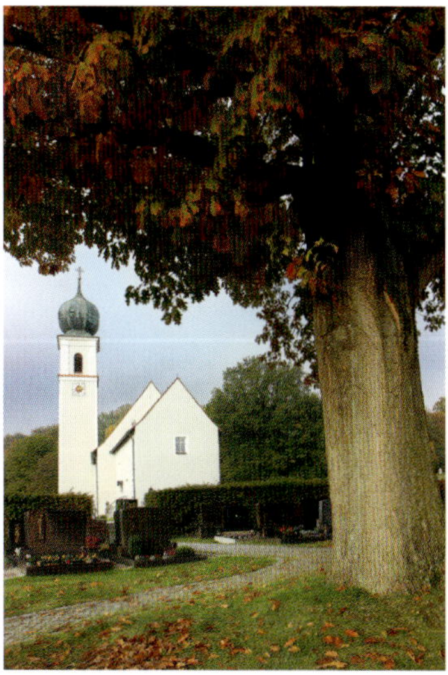

Sankt-Martin-Kirche Premberg.

Der Ort (Dorfplatz) ist auch Ausgangspunkt von vier kurzen, aber lohnenden Wanderungen. Der 4,1 Kilometer lange ***„Seeberg-Rundweg“*** bietet einen herrlichen Blick über das Naabtal und den Ort, während der 4,5 Kilometer lange ***„Vogelherd-Rundweg“*** auf einem mittelalterlichen Hohlweg über den gleichnamigen Berg Aussichten auf Burglengenfeld und Saltendorf bietet. Der ***„Naab-ufer-Rundweg“*** streift den Naturpark Höllohe und umrundet den Kronbertsweiher. Der 6,3 Kilometer lange ***„Berg-Rundweg“*** führt über Stocka auf den Münchshofener Berg (533 Meter) mit fantastischem Fernblick in den Bayerischen Wald. Zurück geht es über Frauenhof und Münchshofen.

km 34,6

P

Zeltplatz Städtedreieck
0179-542 94 85

Das am linken Ufer liegende Bootshaus mit der großen Zeltwiese des *Kanuclubs Städtedreieck Burglengenfeld* bietet sich für Übernachtungen an. Das Naturbad am Saltendorfer Weiher wenige Schritte entfernt, ist ein angenehmer Platz (Fischer-stüberl, Beachvolleyballfeld, Spielplatz etc.), um einen entspannten Badetag abseits größerer Orte einzulegen.

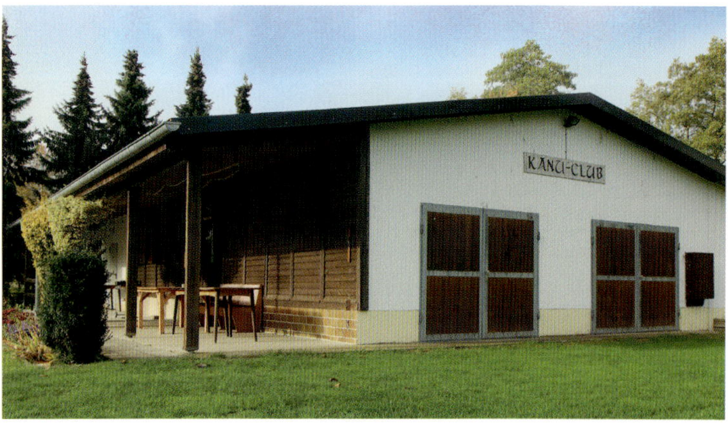

Das Bootshaus des Kanuclubs am Saltendorfer Weiher bietet Übernachtungsmöglichkeiten.

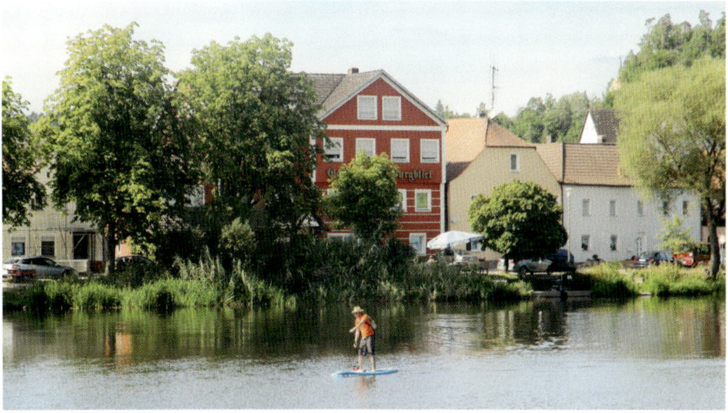

Ein seltener Anblick: Stand-up-Paddler vor dem Wehr in Burglengenfeld.

Die schwer erkennbare *Pension Koiserhof* liegt direkt am linken Flussufer der Naab gegenüber der Straße (keine Treppe und kein Schild).

km 34,4

Pension Koiserhof
(09471) 907 87

Ebenfalls am linken Flussufer befindet sich der *Campingplatz Kuntsdorf* der von vielen Dauercampern frequentiert ist.

km 34,2

Campingplatz Kuntsdorf
(09471) 907 86

Das links vor der Eisenbahnbrücke **Burglengenfeld** gelegene *Freizeitgelände Naabauen* ist ein idealer Standort um dem Städtchen einen Besuch abzustatten. Der gepflegte Platz verfügt über eine kostenlose Zeltwiese (Anmeldung erforderlich!), WC, Außendusche und zwei Feuerstellen neben der Fischerhütte, ein Treffpunkt örtlicher Angler. Auch ein geeigneter Badeplatz ist vorhanden. Dahinter befindet sich ein großer Parkplatz und Wohnmobil-Stellplatz direkt an der Schwandorfer Straße.

km 32

Zeltplatz Burglengenfeld
0170-785 25 50

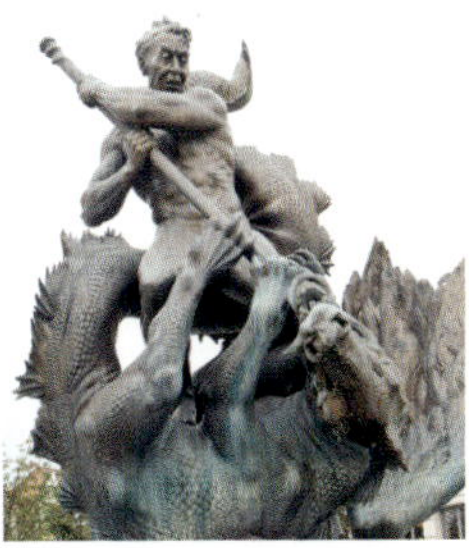

Stadtbrunnen Burglengenfeld.

Blick auf Burglengenfeld

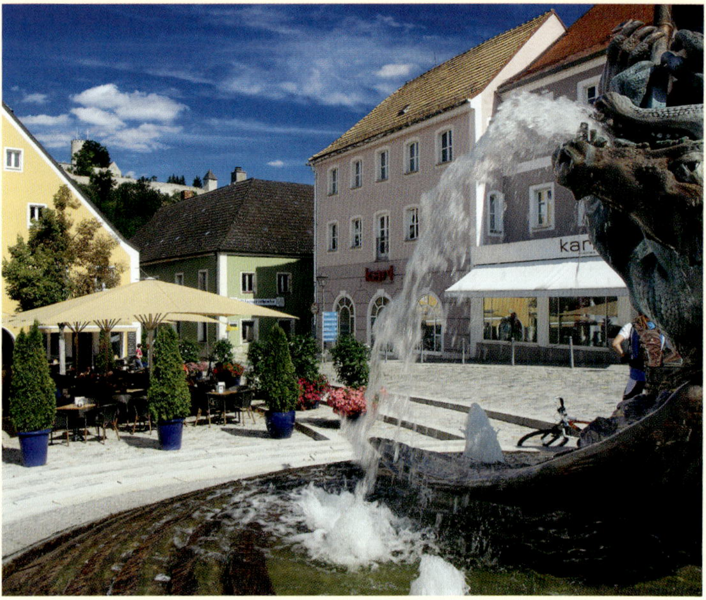

Das Altstadt-Ensemble von Burglengenfeld steht komplett unter Denkmalschutz.

Die Altstadt des 12.000 Einwohner zählenden Städtchens steht komplett unter Denkmalschutz. Sie begeistert mit einem steil ansteigenden Marktplatz, einem von Türmen flankierten Rathaus und schönen Bürgerhäusern. Zu den weiteren Höhepunkten zählen eine Stadtmauer mit Wehrgang, eine mittelalterliche Bierkelleranlage am Kreuzberg, verschiedene Kirchen und Kapellen und der zu allen Jahreszeiten lohnende Kunstwaldgarten. Hoch über der Altstadt thront eine Burganlage aus dem 12. Jh. (Erweiterung 16. Jh.), mit 2,4 ha die größte Burganlage der Oberpfalz. Am 26./27.7.1986 fand in Burglengenfeld das bis zu diesem Zeitpunkt größte Rockfestival der deutschen Geschichte statt, eine Protestveranstaltung gegen die geplante atomare Wiederaufbereitungsanlage in Wackersdorf. Stars wie Udo Lindenberg, Herbert Grönemeier, BAP und die Toten Hosen traten vor 100.000 friedlichen Zuschauern auf. Mit Erfolg – 1989 wurde der Bau der WAA (der bis dahin Kosten von zehn Mrd. DM verursacht hatte) eingestellt. Die Protestbewegung mit dem BUND an der Spitze hatte sich durchgesetzt.

Touristinfo, Marktplatz 2-6, 93133 Burglengenfeld, Tel. (09471) 70 18-20. www.burglengenfeld.de

① ***Burg*** *(12. Jh.).* Heute heilpädogogisches Zentrum. Führungen Mai-Okt (Info im Verkehrsbüro).

② ***Oberpfälzer Volkskundemuseum,*** Mi-Fr von 14-17 geöffnet, Eintritt 1.- €

③ ***St. Anna-Kapelle.*** Gotischer Kapellenbau mit Epitaphien und Grabsteinen des 16.-19. Jhs.

④ ***Altmannsches Schlösschen*** (16. Jh.). Das älteste Gebäude der Stadt (nur von außen zu besichtigen).

⑤ ***Pfarrkirche St. Vitus*** (1748). Barockisierung mit reichem Stuck und Deckengemälden.

⑥ ***Historischer Marktplatz*** mit Stadtbrunnen und Standbild des Barock- und Rokokobaumeisters Michael Fischer (1692-1766) vor dem Rathaus.

⑦ ***Historisches Rathaus.*** Ganz in rot und von zwei Türmen flankiert (um 1600) mit Renaissance-Brautzimmer. Hier befindet sich auch die Touristinfo.

⑧ ***Burglengenfelder Bierkeller.*** 46 große, teils mehrstöckige Bierkeller aus dem 16. Jh. (Besichtigung nur nach Voranmeldung).

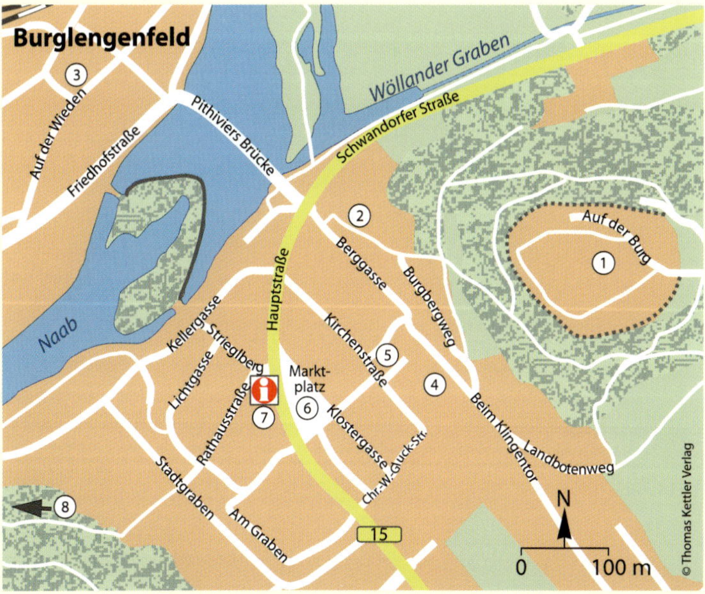

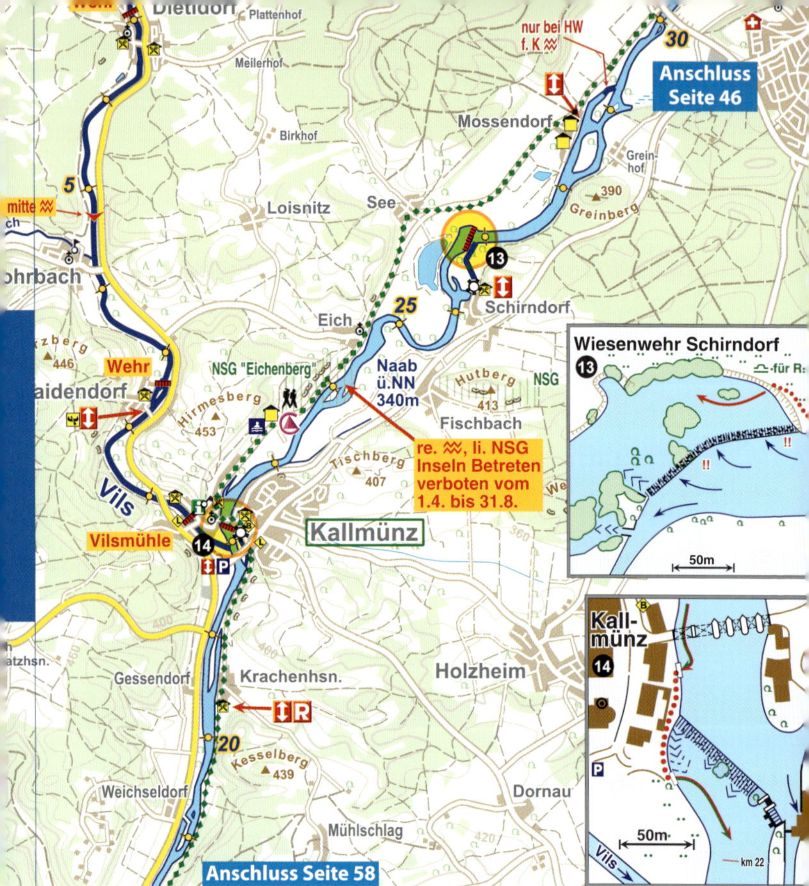

km 31,6

Gasthof Zum Burgblick
(09471) 703 40

Hotel-Café 3 Kronen
(09471) 703 30

Wehr (rechts 12 300 m umtragen, bei NW links 10 m)

Kurz vor Erreichen der Straßenbrücke liegt rechts der mit einer eigenen Bootsanlegestelle ausgestattete *Gasthof Zum Burgblick*. Der traditionelle Gasthof serviert in der Ritterstube, dem 250 Jahre alten bayerisch-böhmischen Gewölbe, deftige Oberpfälzer Schmankerln.

Ein Stück weiter, kann man linkerhand beim *Hotel 3 Kronen* an den Treppenstufen der Naabterrasse anlegen. Das nach 50 m folgende *Wehr* wird bei höherem Wasserstand rechtsufrig auf 300 m umtragen. Bei Niedrigwasser kann man auch weniger mühsam ganz links über die Wehrkrone umheben.

Der Fischumlauf wird von der Stadtverwaltung regelmäßig von Schwemmgut und Buschwerk befreit, wird aber aus Sicherheitsgründen und wegen Steinen im Unterwasser nicht zur Befahrung empfohlen.

km 31,4

Der am rechten Ufer liegende Festplatz in der Friedhofstraße, etwas südlich vom Ortszentrum (kostenlose Parkmöglichkeit), ist ein guter ***Einstieg*** für Tagesfahrer. In der Folge schlängelt sich die Naab durch eine ansprechende, zunächst offene Auenlandschaft, der ***Naabtal-Radweg*** begleitet rechterhand den Fluss. Langsam erreicht die Naab den Jurarücken, das Tal wird nun zunehmend enger.

km 29

Ab hier folgen mehrere Inseln die aus Naturschutzgründen nicht betreten werden dürfen.

km 28,5

Gegenüber einer großen Flussinsel liegt am rechten Ufer der Ort **Mossendorf**. Mit ihren großen und hellen Zimmern sind der *Bartlhof* und wenige Meter weiter der gelbgestrichene *Simmernhof* landwirtschaftliche Nebenerwerbsbetriebe und ein Eldorado für übernachtende Familien. Hier, direkt am Fluss, kann man Kühe und Kälbchen entdecken, beim Füttern helfen und mit den Katzen spielen.

Bartlhof
(09473) 85 64 o.
0160-964 058 13

Simmernhof
(09471) 805 90

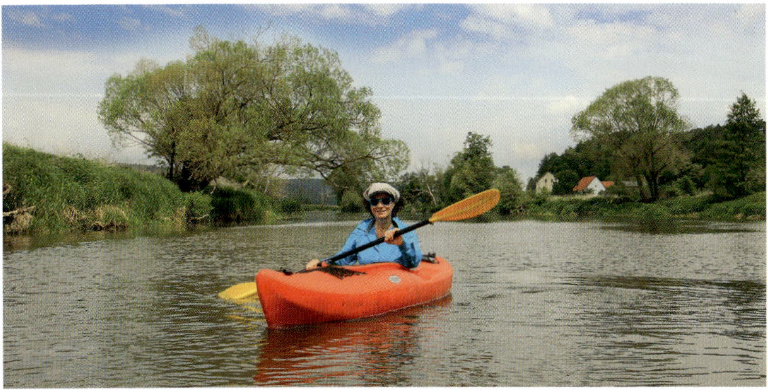

Unterhalb von Schirndorf – bald schon wird das romantische Flusstal von Steilhängen gesäumt.

km 26,9 Das *Schirndorfer Wehr* in **Schirndorf**, rund eineinhalb Kilometer später, wird am besten über eine Wiese rechtsufrig umtragen.

Wehr ⑬ (rechts 50 m umtragen)

km 26 Einen knappen Kilometer nach dem Wehr besteht am linken Ufer an der ***Schirndorfer Mühle***, einem viergeschossigen Mühlengebäude aus dem 19. Jahrhundert, die Möglichkeit zur Einkehr im *Gasthaus Georgimühle*. Der Anleger befindet sich direkt vor dem preiswerten Gasthaus mit seinem idyllischen Biergarten. Sogar einfache Gästezimmer sind vorhanden, so dass am Abend das gemütliche Beisammensein am Lagerfeuer mit Blick auf die Naab, der Wein im Gewölbekeller oder der rustikal eingerichteten Gaststube genossen werden kann.

Gasthaus Georgimühle (09471) 59 68

NSG Die Steilhänge des romantischen Flusstals rücken nun noch näher zusammen. Auf Höhe von Fischbach erstrecken sich links die unbewaldeten Hänge des ***Naturschutzgebietes Hutberg***. Ein Paradies – sind sie doch dank einer extensiven Nutzung Lebensraum seltener wärmeliebender Pflanzen und Tiere.

km 24 Die mitten im Fluss liegenden Inseln unterhalb des Eichenberg passiert man rechts. Auch sie stehen unter Naturschutz und dürfen in der Zeit vom 01.04.-30.08. nicht betreten werden. Ein besonderes Merkmal des 32 Hektar großen ***Naturschutzgebiets Eichenberg*** sind die weithin sichtbaren Riff-Kalkfelsen des 433 Meter hohen Eichenbergs. ***NSG***
Voraus erblickt man bereits den Höhenzug bei Kallmünz mit der Burgruine. Im Bereich des Campingplatzes Zaar gehen die wacholderbewachsenen Trockenrasenhänge am rechten Flussufer in einen von Mischwald bestandenen Jurahügel über.

km 23,3 Der *Jugendzeltplatz Zaar* ist ein schöner Familienzeltplatz mit Bademöglichkeit in der Naab und ein ideales Basislager für Bootstouren auf den umliegenden Gewässern, Radtouren, Wanderungen und zur Besichtigung des 1.300 Meter entfernten Kallmünz. Auf dem naturbelassenen Platz kann auch ein Lagerfeuer entfacht werden. Eine Ferienwohnung liegt in unmittelbarer Nähe.

Die „Perle des Naabtals" mit ihrer Burgruine hoch über dem Ort ist wahrlich ein Schmuckstück, ein Spaziergang durch den Ort und zur Burgruine ist sehr empfehlenswert. Das *Wehr* in **Kallmünz** erreicht man nach einem schönen Flussabschnitt und auf einer kurzen Staustrecke vor der Steinernen Brücke und dem Wehr. Dieses wird kurz rechtsufrig umtragen. Wer eine feste Übernachtung im Gasthof bevorzugt, legt unmittelbar vor der Brücke links am Ufer an, um zum *Gasthof Zum Weißen Rössl* zu gelangen. Dort können die Kanus auch im Hof gelagert werden.
Zum Ein- oder Ausstieg für Tagesfahrer empfiehlt sich der gut beschilderte ***Großparkplatz „Innerer Markt"*** am südwestlichen Ortsrand (direkt unterhalb des Wehrs rechts), bei Überfüllung kann auch die Parkbucht an der Straße genutzt werden. Hier, am Einstieg nach dem Wehr, deponiert man auch die Boote um den attraktiven Ort zu besichtigen.

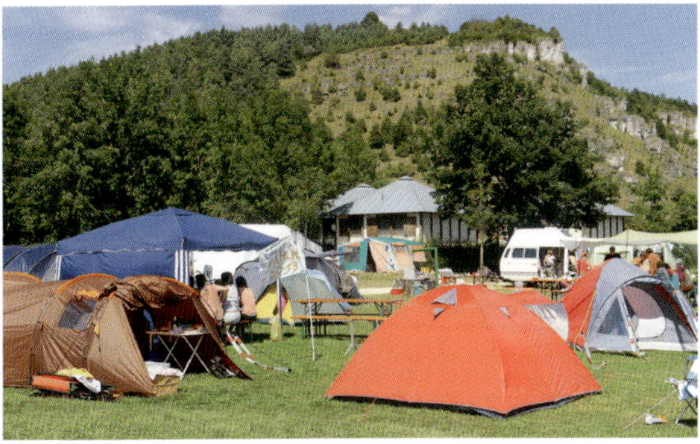

Der hübsch gelegene Jugend-Campingplatz Zaar/Kallmünz bietet sich auch für längere Aufenthalte an.

Jugendzeltplatz Zaar
(09473) 14 66

Ferienwohnung Auf der Zaar
(09473) 87 62 o.
0170-272 36 86

km 22,1

⓮ Wehr
(rechts 60 m umtragen)

Bootsverleih Kanuschorsch
in Kallmünz-Traidendorf (2,3 km entfernt)
(09473) 86 28

Gasthof Zum Weißen Rössl
(09473) 234

Gasthof Zur Roten Amsel
(09473) 293

Ferienwohnung Bleier
(09473) 16 61

Ferienwohnung Anneliese Schmid
(09473) 396

Blick auf Kallmünz

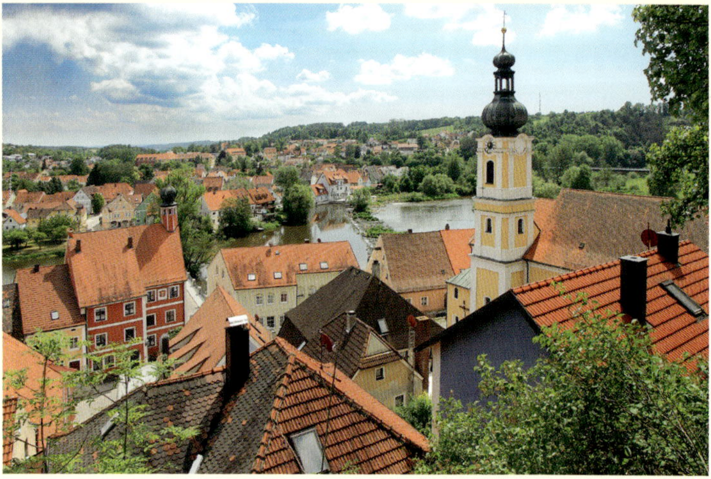

"Bilderbuch"-Blick vom Burgberg auf das Städtchen Kallmünz.

Das malerische Kallmünz am Zusammenfluss von Naab und Vils, auch „die Perle des Naabtals" genannt, hat bereits Gabriele Münter und Wassily Kandinsky inspiriert, diese haben sich während der Sommerfrische 1903 im Gasthof Zur Roten Amsel verlobt. Der Felssporn mit der Burgruine wurde bereits in der Bronzezeit (ca. 2.000 v. Chr.) besiedelt. Später diente er der Bevölkerung der Umgebung bei den Ungarneinfällen im 10. Jahrhundert als Rückzugspunkt. Seit über 100 Jahren befindet sich im Schlossberg die einzige heute noch eingerichtete Höhlenwohnung Deutschlands, das „Haus ohne Dach".

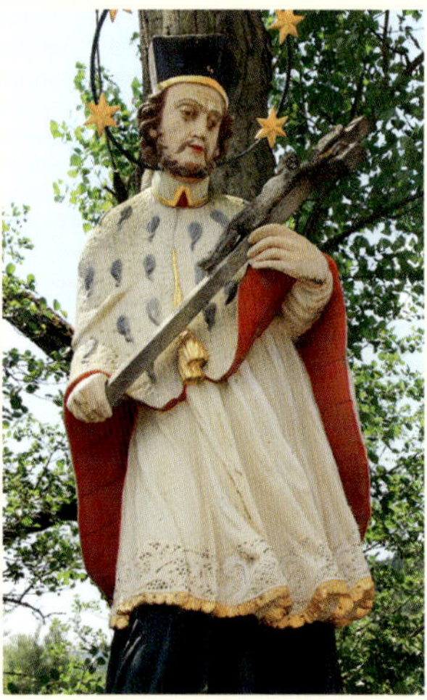

Brückenheiliger.

Schriftlich erwähnt wurde Kallmünz im Jahre 983. Auch heute noch begeistert das mittelalterliche Ortsbild mit der Burgruine hoch über dem Naabtal. Seit Beginn des 20. Jahrhunderts zieht Kallmünz mit seinen 2.800 Einwohnern zu Recht Künstler und auch einige Touristen an.

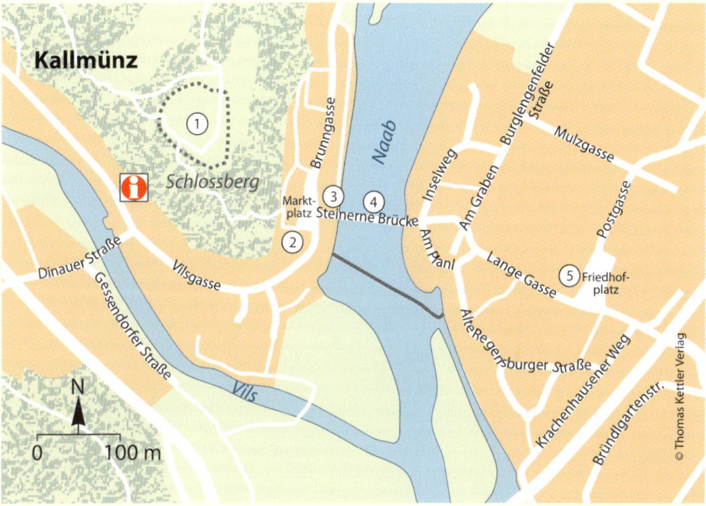

Fremdenverkehrsverein Kallmünz e.V.
Vilsgasse 42, 93183 Kallmünz, Tel. (09473) 421, www.kallmuenz.de

① ***Burgruine am Schlossberg*** (13. Jh.). Mit schönem Blick über das Tal.

② ***Kirche St. Michael.*** Mit einem Kuppelfresko von Mathias Zintl, schöner barocker Ausstattung und der nur an wenigen Tagen zugänglichen Pestkapelle.

③ ***Altes Rathaus*** mit Oskar-Koller Museum und Zunftausstellung, 01.5.-31.10. Mi-Sa von 14-18, So, Feiertag von 14-17 geöffnet, Eintritt Erwachsene 2,50 €, Jugendliche von 14-18 Jahren 1 €.

④ ***Steinerne Brücke*** (1549 bis 1558 erbaut). In Verbindung mit der Naab und den Häuserfassaden wahrlich ein malerisches Ensemble (S. Titelbild).

⑤ ***Silbermannsches Schlösschen,*** viergeschossiger Wohnturm (1582).

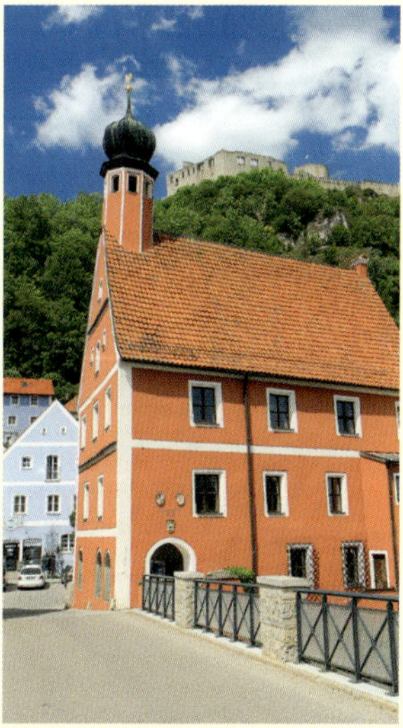

Altes Rathaus.

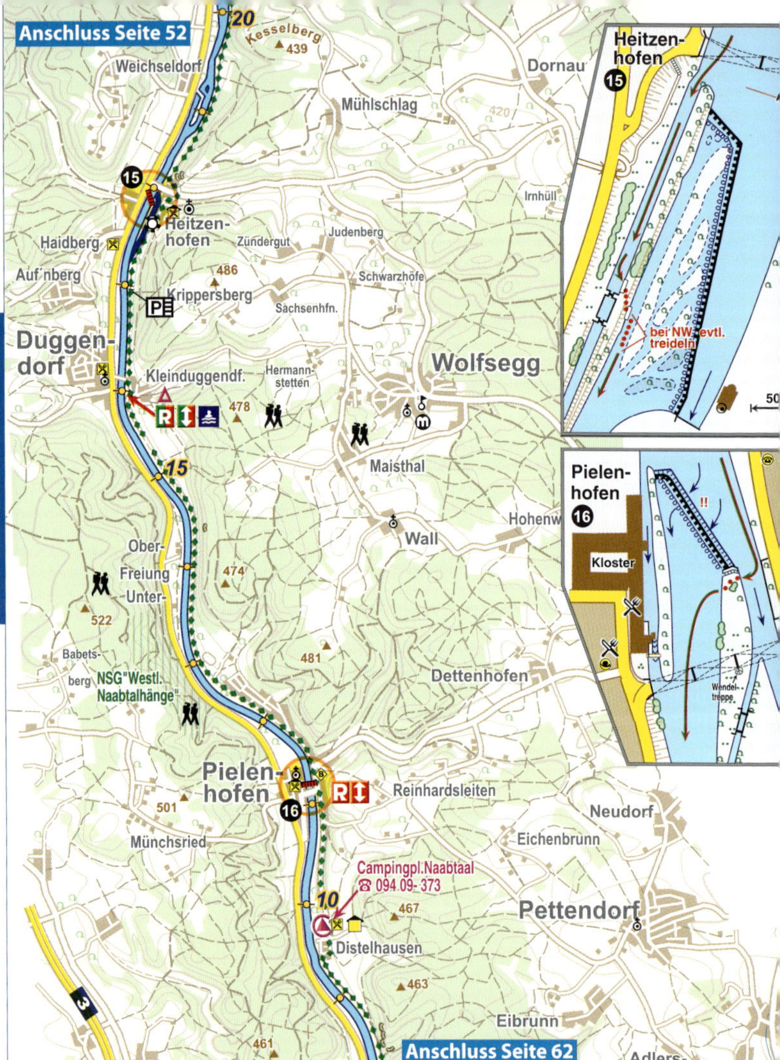

Gleich darauf mündet die ***Vils*** von rechts in die Naab. Mit einem Blick zurück auf Kallmünz und die Burg kann man sich vom absoluten Höhepunkt an der Naab verabschieden – der Blick lohnt sich! Nun begeistern wieder Felsformationen und Wacholderbüsche am linken Flussufer und dank der geringen Strömung hat man viel Zeit zum Genießen.

Am Ende einer großen Insel lockt in **Krachenhausen** auf der linken Flussseite der zu Recht hochgelobte *Landgasthof Birnthaler*. Hier kann man an einem Steg problemlos anlanden um zu rasten oder auf der baumbestandenen Terrasse die üppige und dennoch preiswerte Regionalküche zu genießen.

km 20,3

Landgasthof Birnthaler
(09473) 950 80

Das *Wehr* in **Heitzenhofen** hat sich durch die fehlende Strömung schon angekündigt. Wir fahren in den rechten Kanal ein und umtragen das Wehr kurz vor der alten Schleuse. Daneben zeugt das ***Schloss Heitzenhofen*** vom früheren Reichtum der Hammerherren, deren Geschichte bis ins 15. Jahrhundert zurückreicht. Die Schlosswirtschaft mit Biergarten lockt mit einer Kombination aus bayerischer, französischer und italienischer Küche zur Einkehr und ein kleines Landhotel mit Charme ist die nahe *Schlossresidenz Heitzenhofen*. Sehenswert ist überdies die schmucke ***Wolfgangskirche*** aus dem 18. Jahrhundert, die unmittelbar am Ufer der Naab liegt.
Auf dem weiteren Verlauf begleitet die Naab die wenig befahrene Landstraße Richtung Pielenhofen/Regensburg.

km 17,9

15 **Wehr**
(50 m rechts umtragen)

Hotel Schlossresidenz Heitzenhofen
(09473) 90 83 90

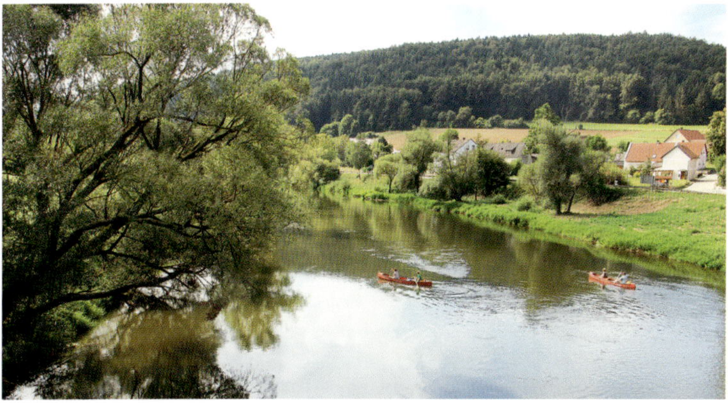

Naabpaddler bei Duggendorf.

km 16

Biwak-/Rastplatz
(09473) 94 01

Etwa 200 Meter hinter der Straßenbrücke von **Duggendorf** befindet sich links ein ***Rast- und Badeplatz*** (WC, auf spielende Kinder und Badende achten!). Grillen und Übernachten ist nur mit Genehmigung der Gemeinde möglich. Von hier aus ist es nicht weit zur barocken Pfarrkirche, dem Kleinod von Duggendorf.

Wer sich „die Beine vertreten" will, dem sei eine etwa acht Kilometer lange ***Wanderung zur Burg Wolfsegg*** empfohlen. Vom Platz aus geht es geradeaus den Berg hinauf und entweder über die Talstraße oder rechts davon durch den Wald bis zur Burg – einer der wenigen vollständig aus dem Mittelalter erhaltenen Burgen. Ihre Ursprünge reichen bis ins 13. Jahrhundert zurück und heute beherbergt sie ein ***Museum***, in dem das Leben der Burg anschaulich gemacht wird. Außerdem befindet sich unter der Burg ein unterirdisches, teils zugängliches Höhlensystem.

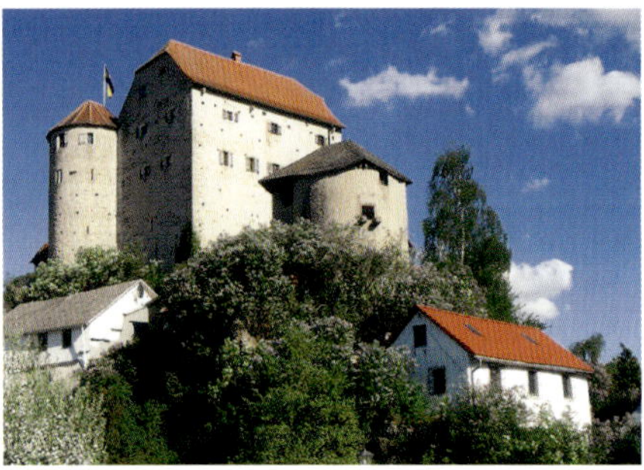

Lohnend ist die kleine Wanderung zur Burg Wolfsegg.

Entlang des ***Naturschutzgebietes „Westliche Naabtalhänge bei Pielenhofen"*** das von naturnahem Buchenwald, schluchtartigen Einschnitten und Felspartien geprägt ist, strebt das Kanu auf **Pielenhofen** zu.

km 11,3

Wehr 16
(20 m links umtragen)

Das barocke ***Kloster Pielenhofen*** mit seinen beiden Türmen rückt in den Blick (Klosterkirche mit spätbarockem Hochaltar, Deckenfresko und üppige Stuckaturen, Vorschule der Regensburger Domspatzen). Man fährt mit Abstand an der ***Wehrkrone*** entlang und umträgt links nur ganz kurz. Hier be-

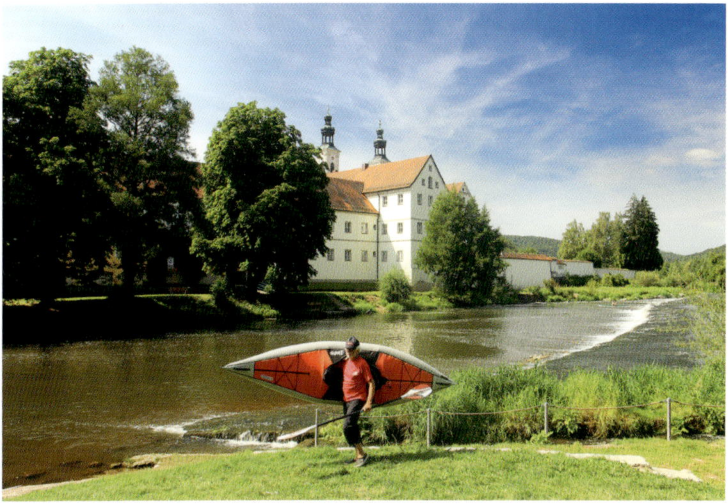

Bei Pielenhofen muss ein Wehr umtragen werden.

findet sich auch ein Rastplatz mit Feuerstelle und Grillplatz. Gegenüber bietet die ***Klosterwirtschaft*** oberhalb eines Holzstegs in der „g'miatlichen Wirtsstubn“ oder auf der Naabterrasse Deftiges, aber auch Raffiniertes wie „Fleischpflanzerl vom Wildschwein mit Wacholder-Rosenblüten-Jus“. Einfache, aber nette Zimmer in der zur Klosteranlage gehörenden Wirtschaft, eines der 50 historischen Wirtshäuser der Oberpfalz, laden zum Übernachten ein.

Klosterwirtschaft Pielenhofen
(09409) 15 25

Von hier oder beginnend in Duggendorf, verläuft die schöne ***Rundwanderung*** Pielenhofen – Duggendorf – Pielenhofen durch das 54 Hektar große ***Naturschutzgebiet „Westliche Naabtalhänge bei Pielenhofen“.*** Der ausgeschilderte Wanderweg führt um das NSG herum, der aber durch das NSG führende und nicht markierte Pfad, erfordert an einer Engstelle beim Osterfelsen absolute Trittsicherheit!

NSG

Auch zwischen Pielenhofen und **Etterzhausen** begeistert die Naab mit einem noch einmal besonders attraktiven Flussabschnitt. Wegen der geringen Strömung könnte er auch gegen die Fließrichtung gepaddelt werden und ist somit für Tagespaddler interessant.

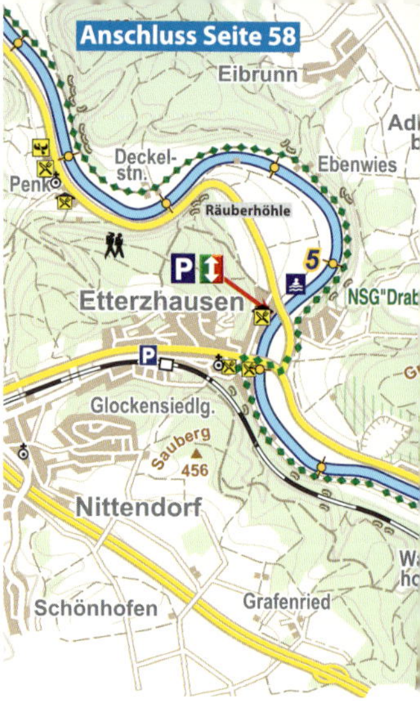

km 9,6

Campingplatz Naabtal-Pielenhofen
(09409) 373

Camping-Gaststätte
(09409) 12 63

Linksufrig liegt der aus dem alten Einödhof **Distelhausen** entstandene *Campingplatz „Naabtal-Pielenhofen“*. Er bietet Übernachtung wahlweise im Zelt oder in gemütlichen und günstigen Ferienhäuschen. Der von Wiesen und Wäldern eingerahmte, sechs Hektar große familienfreundliche Platz (auch Gastronomie), einer der schönsten Anlagen Ostbayerns, ist ein gutes Basislager für die untere Naab.

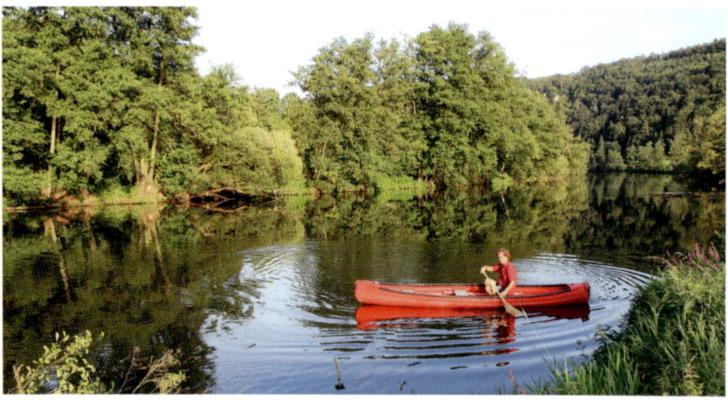

Flussidylle beim Bootsverleih Penk.

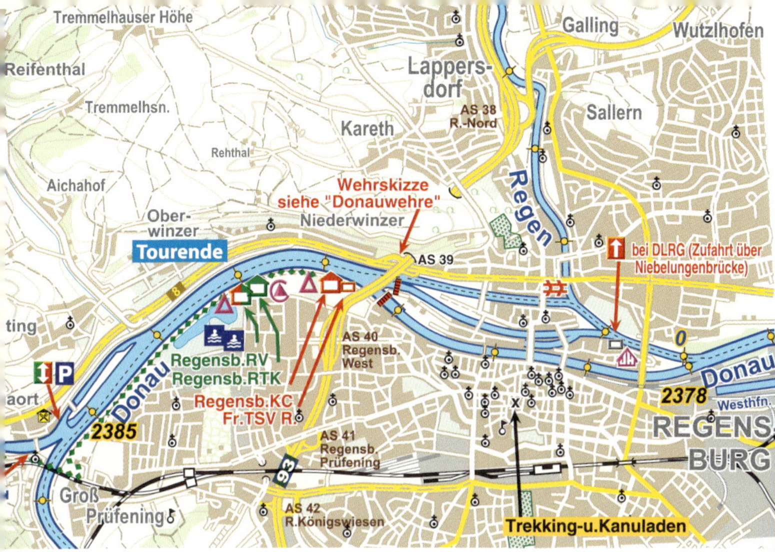

Der kleine Ort **Penk** (am Ortseingang Kanuvermietung mit eigenem Steg auf der rechten Flussseite) beherbergt ein renovierungsbedürftiges romanisches Kirchlein (Schlüssel nebenan im Gut Löweneck erfragen), dessen Äußeres mit seinem mächtigen Turm, den dicken Mauer und den Schartenfenstern eher einer Burg ähnelt. Daneben verbreitet das Gut Löweneck mit seiner Gartenmöbelausstellung mediterranes Flair und das Café im Haupthaus oder die angeschlossene, gut bestückte Vinothek laden zu einer Paddelpause.

km 7,8

Bootsverleih Penk
(09404) 30 90 41 o.
0170-268 24 88

Landgasthof Spitzauer
(09404) 14 28

Gut Löweneck
(09404) 95 18-18

Der *Landgasthof Spitzauer* mit seinem gemütlichen Biergarten wenige Meter weiter, ist zentraler Anlaufpunkt für Bootstouren und hat auch Fremdenzimmer. Hier ist jeden Montag Schlachtschüssel-Tag mit frisch geräucherten Leber- und Blutwürsten.

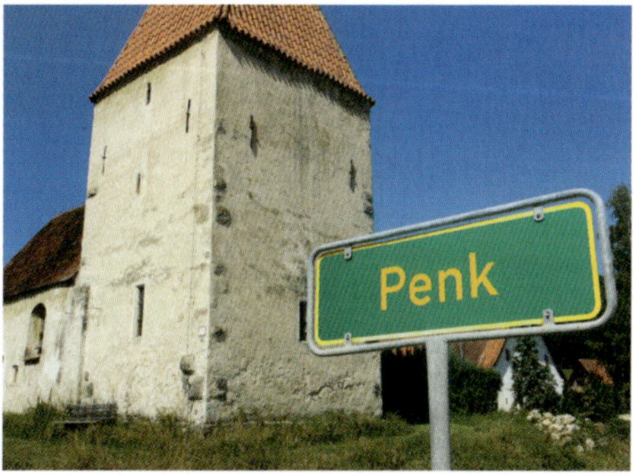

Romanisches Kirchlein in Penk.

Die von einzelnen Felspartien unterbrochenen, bewaldeten Ufer bieten nun eine besonders malerische Paddelkulisse. Bevor die Naab sich in eine scharfe Rechtskurve begibt, liegt hoch oben rechts

Räuberhöhle

am Talhang die ***„Räuberhöhle"***, eine der schönsten Höhlen der Oberpfalz. *Ihre Entstehung verdankt sie der im Jura häufigen Karstbildung, verursacht durch strömendes, kalklösendes Wasser. Die über 30 Treppenstufen zu betretende 24 Meter lange und sieben Meter hohe Höhle, diente vermutlich schon den Kelten als Kultstätte. Später war sie dann, auf Grund der guten Sicht die man von ihr auf die darunter fließende Naab hatte, idealer Ausgangspunkt für Raubzüge auf die flußauf getreidelten Schiffe. Über der Höhle sind noch Reste eines quadratischen Turms erhalten, der wohl als Beobachtungsturm diente. Später bot die Höhle den Bewohnern der Umgebung bei Gefahr Schutz, bevor sie im 19. Jahrhundert als Bierkeller genutzt wurde.* Idealer Ausgangspunkt zu ihrem Besuch ist der Ort Penk (auf dem Weg spärliche Reste des 1250 gegründeten Burgstalls Löweneck einer von König Ludwig dem Bayern zerstörten Burg) oder der Wanderparkplatz etwas östlich von Etterzhausen, bei der Brücke über die Naab. Von hier geht es zu Fuß über den Feldweg zum Waldrand hinauf. Diesen ca. 500 Meter entlang und dann das letzte Stück zur Höhle etwa 200 Meter leicht den Berg hinauf. Der Weg hat die Wandermarkierung „rotes Quadrat auf weißem Grund" und führt direkt zur Höhle.

NSG

Nach Passieren der Flussinsel und der Seerosenfelder bei **Ebenwies** fällt vor Etterzhausen, gegenüber der hübschen Badestelle, der Blick nach links auf den steilwandigen Prallhang des ***Naturschutzgebietes Drabafelsen*** (Betreten verboten!), dem kleinsten und einem der ältesten Naturschutzgebiete Bayerns. Eine Formation von Türmen und Wänden aus Dolomitgestein ist Lebensraum des gelb-blühenden Felsenhungerblümchens, dessen Vorkommen sich auf die Schwäbische Alb und das Donautal beschränkt.

Wenige Meter weiter befindet sich in **Etterzhausen** rechter Hand ein guter Ausstieg zur Beendigung der Tour beim *Gasthaus „Zur alten Brücke“* (eigene Metzgerei, Biergarten) oder um der ***St. Wolfgangskapelle***, einer Saalkirche aus dem 13. Jahrhundert einen Besuch abzustatten. Mit ihrem auffälligen hölzernen Turm ist sie nach kunsthistorischer Einschätzung ein "treffliches Beispiel einer ganz kleinen, romanischen Dorfkirche".
Hinter Etterzhausen wird die Flusslandschaft etwas eintöniger, die Straße verläuft nah am Fluss und die Ufer sind jetzt flach.

km 4,4

Gasthaus „Zur alten Brücke“
(09404) 15 07

Nach Unterfahren der Fußgängerbrücke landen wir links am Parkplatz des *Gasthofs Krieger* direkt an der Donaumündung an. Die barocke ***Wallfahrtskirche Mariaort*** befindet sich auf der anderen Flussseite und ist über die Fußgängerbrücke erreichbar.
Schon 1641 ließ Maximilian I., Kurfürst von Bayern, an dieser Stelle die erste Holzbrücke errichten. Über Jahrhunderte war der Ort von verkehrstechnischer Bedeutung, mussten doch bis 1826 mit Salz und Eisen bela-

km 0

Gasthof Krieger
(0941) 810 80

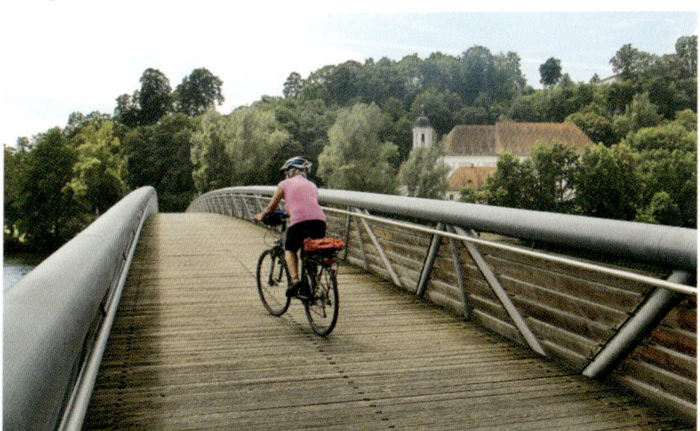

Rad- und Fußgängerbrücke in Mariaort.

dene Lastkähne zwischen Regensburg und Amberg mit Pferden flussauf gezogen werden. Die 1774 neu errichtete Wallfahrtskirche wurde im 12. Jahrhundert erstmals erwähnt und gilt als eine der schönsten Kirchen des 18. Jahrhunderts in der Umgebung Regensburgs.

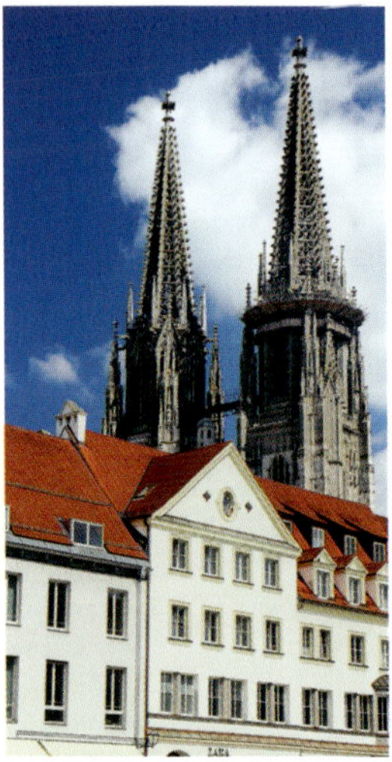

Regensburger Dom.

Wer bis nach **Regensburg** weiter paddelt, sollte die Binnenschifffahrtsstraßen-Ordnung beachten (Kennzeichnungspflicht etc.). Zusammen mit großen „Pötten" paddelt man auf der breiten Donau der Stadt Regensburg entgegen. Die Türme des Doms sind schon frühzeitig erkennbar. Links die Bundesstraße, rechterhand ein Gewerbegebiet an das sich der Donaupark und die Bezirkssportanlage West anschließen.

Regensburger Ruderverein
(0941) 258 26

Azur Camping Regensburg
(0941) 27 00 25

Zeltwiese des KC Regensburg
(0941) 26203

Nach vier Kilometern Fahrt auf der Donau, erreicht man rechterhand gleich nach dem Donaupark bei Km 2383,0 das Bootshaus des ***Regensburger Rudervereins***. Wenige Meter daneben befindet sich der ***Azur Campingplatz Regensburg***, Weinweg 40, mit Gaststätte und Biergarten. Der ***Donauradweg*** führt unmittelbar am Platz vorbei. Bei Flusskilometer 2381,7, ebenfalls auf der rechten Flussseite und noch vor der Autobahnbrücke, bietet der ***Kanuclub Regensburg*** von Mitte Mai bis Mitte September auf seinem Gelände Zeltmöglichkeiten mit WC und Duschen an. Die Stadt mit ihren zahlreichen Sehenswürdigkeiten ist Weltkulturerbe und einen ausgiebigen Besuch wert. Hier befindet man sich nur 15 Minuten Fußweg von der Altstadt entfernt. Ein abschließendes Essen in der „Historischen Wurstkuchl" direkt an der Steinernen Brücke, wäre ein angemessener Abschluss einer Naabfahrt oder eine Stärkung vor Beginn eines kleinen Stadtrundgangs.

Blick auf Regensburg

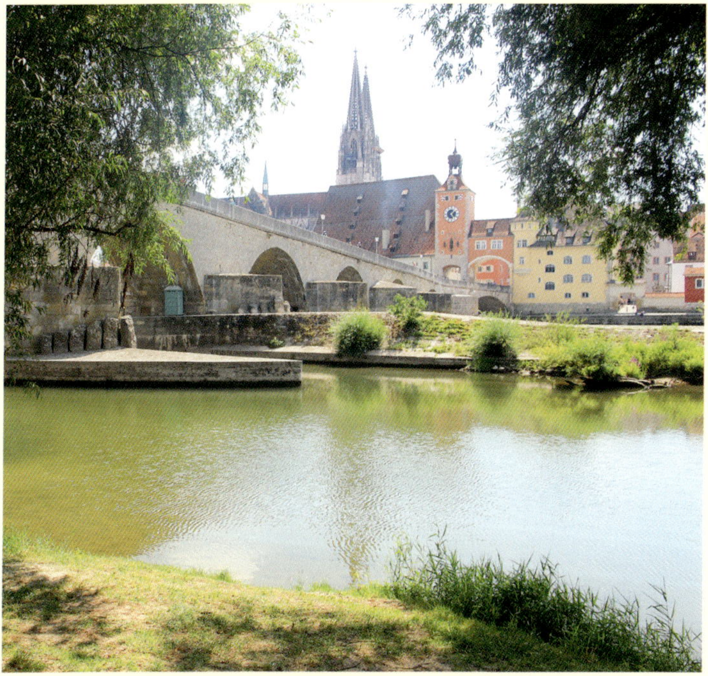

Die Steinerne Brücke gilt neben dem Regensburger Dom als Wahrzeichen der Stadt und ist ein Meisterwerk mittelalterlicher Baukunst.

Bis 79 n. Chr. war Rathaspona eine Keltensiedlung. Um 179 n.Chr. wurde das römische Lager Castra Regina fertiggestellt. Ab dem 5. Jh. war Regensburg Hauptstadt des Herzogtums Bayern, von 788-911 auch Teilresidenz der Karolinger, ab 743 Bischofsstadt. Der Handel im Frühmittelalter, u.a. mit oberpfälzischem Eisen sorgte für den wirtschaftlichen Aufschwung. 1135-1145 wurde die Steinerne Brücke erbaut. 1245 war Regensburg Freie Reichsstadt und später auch Hauptstadt des Deutschen Reiches. Heute ist Regensburg die fünftgrößte Stadt Bayerns mit viel Industrie. Hier produzieren Dax-Konzerne wie BMW, Osram, Krones und Infineon. Regensburg ist Universitätsstadt und UNESCO-Weltkulturerbe. Der mittelalterliche Charme durch seine Bausubstanz aus dem 11.-13. Jahrhundert und die bedeutenden Sehenswürdigkeiten sorgen für touristische Anziehungskraft.

Tourist Information Regensburg, Altes Rathaus, Rathausplatz 4, Tel. (0941) 507 44 10, www.regensburg.de

① ***Steinerne Brücke.*** Älteste ausschließlich aus Stein erbaute Brücke Deutschlands aus dem 12. Jh. mit einer Länge von 310 m.

② ***Kepler-Gedächtnishaus.*** Sterbehaus des Astronomen (1571-1630) mit Ausstellung von Originalinstrumenten und zeitgenössischer Einrichtung, Keplerstraße 5, Tel. (0941) 507 34 42, geöffnet Sa/So 10.30-16, Eintritt ca. 2,20 €.

③ ***Donau-Schifffahrtsmuseum.*** Historischer Dampfer und Motorschlepper mit Ausstellung zur Geschichte der Donauschifffahrt. Thundorfer Straße/Marc-Aurel-Ufer, Tel. (0941) 507 58 88, Apr-Okt 10-17, Eintritt ca. 3 €.

④ ***Altes Rathaus.*** Rathausturm aus dem 13. Jh., westlicher Anbau Mitte des 14. Jh., Vorhalle mit gotischem Portal von 1408, der Reichssaal im Obergeschoss war von 1663 bis 1806 Sitz des Immerwährenden Reichstags des Heiligen Römischen Reichs. Reichstagsmuseum, Tel. (0941) 507 34 40, Zugang nur im Rahmen einer Führung, ca. 7,50 €.

⑤ ***Goliathhaus.*** Eines der ältesten Patrizierhäuser Regensburgs (13. Jh.) mit vollständig erhaltener Fassadenmalerei von 1530, die David im Kampf mit dem Riesen Goliath zeigt.

⑥ ***Porta Praetoria.*** 179 n. Chr. als Nordtor des 40 Jahre zuvor angelegten römischen Militärlagers „Castra Regina" errichtet.

⑦ ***Dom St. Peter.*** Monumentales Bauwerk aus Kalk- und Sandstein mit zwei jeweils 105 m hohen Türmen, farbenprächtigen Glasgemälden (13./14. Jahrhundert), Hochaltar mit fünf Seitenaltären und reichem Figurenschmuck.

⑧ ***Haidplatz.*** Ehemaliger Gasthof „Zum Goldenen Kreuz", klassizistisches Thon-Dittmer-Palais, Neue Waage.

⑨ ***Neupfarrplatz.*** Im Mittelalter befand sich hier das seit 981 belegte Judenviertel, Neupfarrkirche (1540) an der Stelle der 1519 zerstörten Synagoge.

⑩ ***Schloss Thurn und Taxis.*** Hauptresidenz der Fürsten von Thurn und Taxis, hervorgegangen aus dem ehemaligen Benediktinerkloster St. Emmeram. *Fürstliche Schatzkammer und Marstall,* Emmeramsplatz 5, Tel. (0941) 504 82 42, geöffnet Mo-Fr 11-17, Sa/So 10-17 (Sommer), Sa/So 10-17 (Winter), Eintritt ca. 4,50 €. *Schloss und Kreuzgang St. Emmeram,* nur im Rahmen einer Führung zugänglich, Apr-Okt tgl. 11,14,15 und 16, Nov-Mär Sa/So 10, 11,14,15 und 16, im Nov Mo-Fr auch 14.30, Eintritt ca. 11,50 €.

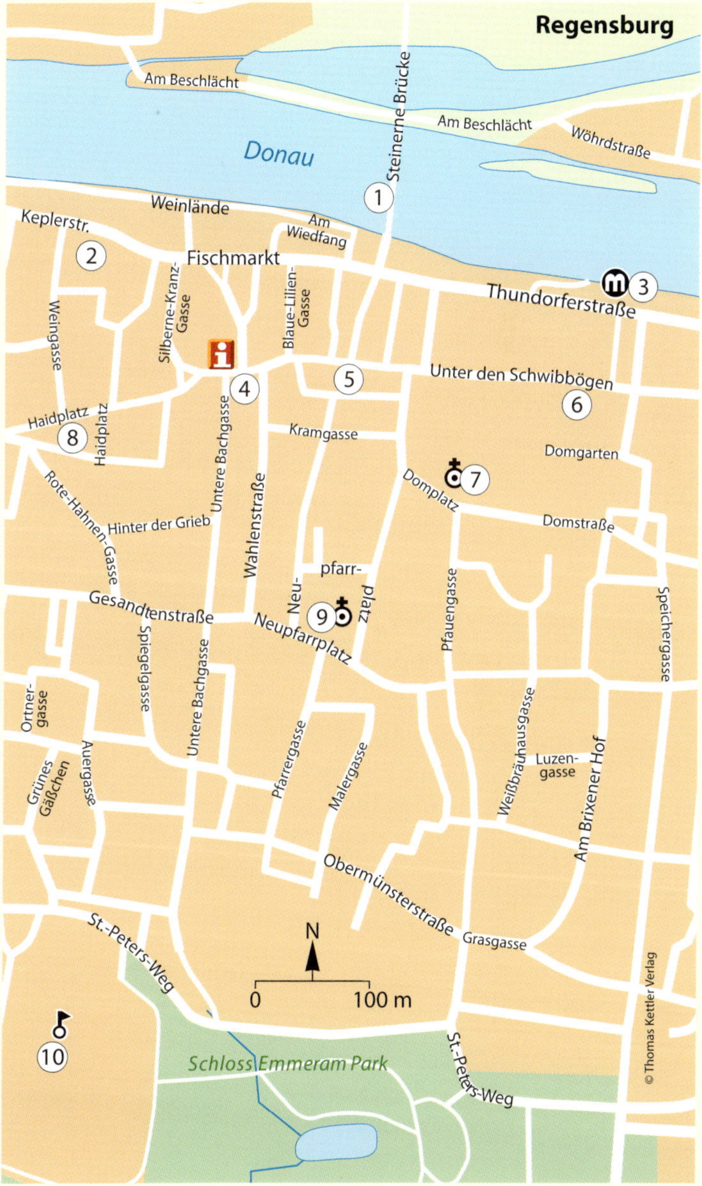

Regensburg
Donau
Am Beschlächt
Am Beschlächt
Wöhrdstraße
Steinerne Brücke
Weinlände
Keplerstr.
Am Wiedfang
Fischmarkt
Thundorferstraße
Weingasse
Silberne-Kranz-Gasse
Blaue-Lilien-Gasse
Unter den Schwibbögen
Haidplatz
Haidplatz
Untere Bachgasse
Kramgasse
Domgarten
Domplatz
Domstraße
Rote-Hahnen-Gasse
Hinter der Grieb
Wahlenstraße
Neu-pfarr-platz
Gesandtenstraße
Neupfarrplatz
Pfauengasse
Speichergasse
Spiegelgasse
Untere Bachgasse
Ortner-gasse
Grünes Gäßchen
Auergasse
Pfarrergasse
Malergasse
Weißbräuhausgasse
Luzen-gasse
Am Brixener Hof
Obermünsterstraße
Grasgasse
St.-Peters-Weg
St.-Peters-Weg
Schloss Emmeram Park
N
0
100 m
© Thomas Kettler Verlag
1
2
3
4
5
6
7
8
9
10

Infos Vils von Amberg nach Kallmünz

Aktivitäten	Natur	Kultur	Baden	Hindernisse
★★★☆	★★★☆	★★★☆	★★☆☆	★★★★

Kanufahren auf der Vils

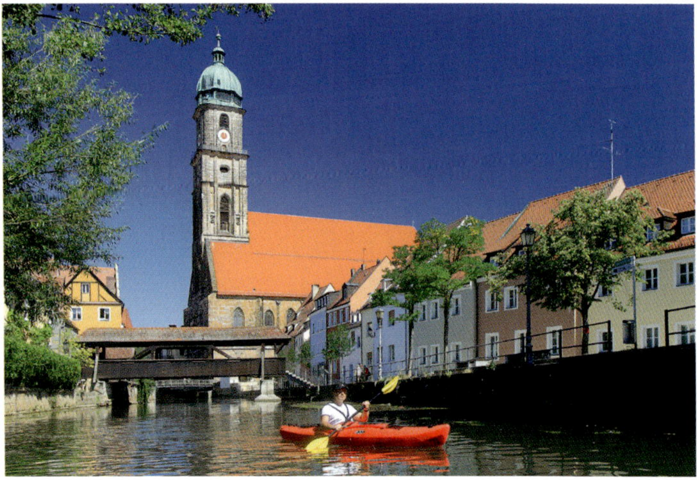

Die Stadtbesichtigung Ambergs per Kanu ist ein ganz besonderes Erlebnis.

Die Vils ist unter den Touring-Gewässern in Bayern fast ein Geheimtipp. Der längste Nebenfluss der Naab entspringt nördlich von Amberg und ist bereits ab Vilseck bei einem Pegelstand von 80-120 cm befahrbar. Vor allem zwischen Vilseck und Hahnbach, oberhalb der beschriebenen Strecke, ist die Vils ziemlich naturbelassen, Baumhindernisse sind dort allerdings sehr häufig und eine Gefahr für Kanuanfänger. Die Vils ist nicht als Kanuwanderweg ausgebaut, aber die meisten Ein- und Ausstiege sind ausreichend beschildert, die Hinweise an den Wehren sind nur teilweise gut erkenntlich und auch nur vereinzelt mit Treppen versehen. Bootsrastplätze gibt es keine. Insgesamt stellt die Vils etwas höhere Ansprüche an den Paddler als die Naab, größerer Gefahren drohen jedoch nur bei Hochwasser. Die Ufervegetation ist üppig, somit ist das Ein- und Aussteigen nur an den dafür vorgesehen Plätzen ratsam. Das ***Umtragen der 13 Wehre*** auf der 40 km langen Strecke stellt die größte Herausforderung dar, ein Bootswagen ist daher unentbehrlich. Empfehlenswert sind wendige Kunststoffeiner mit Spritzdecke aber auch offene Kanadier.

Charakter der Tour

Am Tourenstart Amberg erwartet den Paddler gleich ein ganz besonderer Höhepunkt – eine Stadtbesichtigung per Kanu. Dann, wenige Kilometer hinter Amberg, fließt die Vils in einem bewaldeten Trogtal durch eine stille Landschaft. Auf halber Strecke der 40 Kilometer langen Tour bietet sich ein Campingplatz zur Übernachtung an, ansonsten gibt es in den beschaulichen Orten im Vilstal auch einige preiswerte Unterkünfte. Kallmünz, die „Perle des Naabtals", ist das Ziel dieser Kanuwanderung und der zweite höchst attraktive Kulturhöhepunkt. Eine Verlängerung der Tour auf Naab und Donau bis Regensburg ist möglich und auch empfehlenswert. Die Vils wird von einem sehr schönen Radweg begleitet, der meist abseits der ohnehin wenig befahrenen Straßen und fast immer am Fluss entlang führt.

Früher war die Oberpfalz das „Ruhrgebiet des Mittelalters", Holz, Eisen und Erz wurden hier verarbeitet und die Vils war ein wichtiger Wirtschaftsweg. Schiffe transportierten die Güter von Amberg nach Regensburg und dann weiter auf der Donau. Davon ist heute kaum mehr etwas zu sehen. Die Vils, die wie auch die Naab bekannt für ihren Fischreichtum ist, präsentiert sich als weitgehend der Natur überlassenes Gewässer auf der Biber und Eisvogel heimisch sind.

Sehenswürdigkeiten

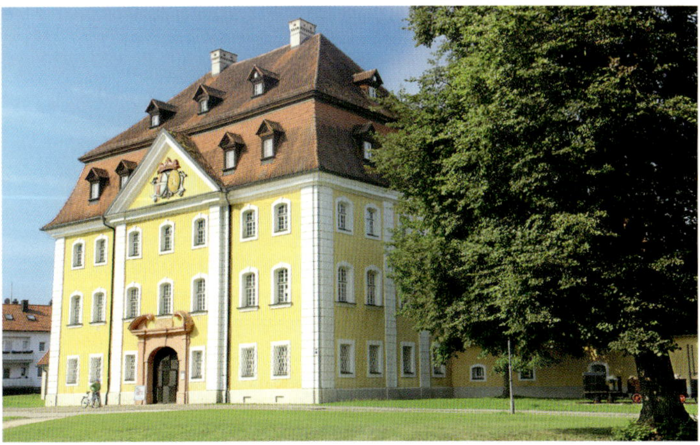

Im Hammerherrenschloss von Theuern ist das Bergbau- und Industriemuseum Ostbayern untergebracht.

Amberg: Siehe S. 74
Theuern: *Hammerherrenschloss* (1781) mit Bergbau- und Industriemuseum Ostbayern.
Ensdorf: *Kloster* mit barokker „Asam"-Klosterkirche und Stephansturm (einer der ältesten Kirchtürme Bayerns).
Rieden: barocke *Maria-Himmelfahrt-Kirche* (1717), *St. Georgs-Kirche* (um 1490).
Schmidmühlen: *Oberes Schloss* (16. Jh.) mit wertvollen Renaissance-Fresken, *Schlossbrunnen* mit Morsikentänzer, *Heimatmuseum*.
Emhof: romanische *St. Jakobskirche*.
Dietldorf: *Renaissanceschloss* (17. Jh.).
Rohrbach: *Hammerherrenschloss, Pfarrkirche*.
Traidendorf: *Hammerherrenschloss* (1684), heute Hotel.
Kallmünz: Siehe S. 56

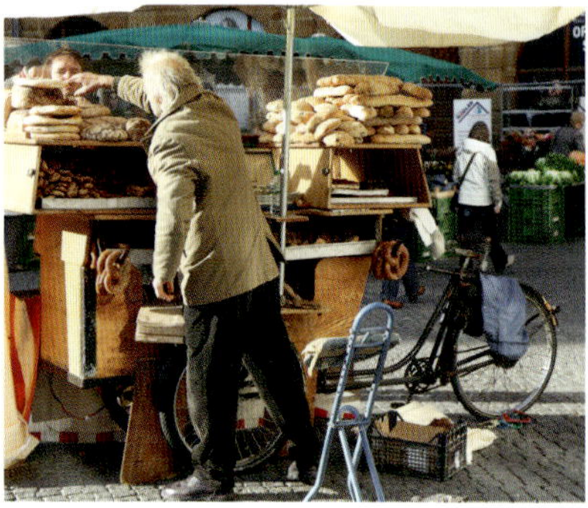

Leckere Backwaren gibt es samstags auf dem Amberger Markt vom Bäckerrad, einem umgebauten Amsterdamer „Bakfiets".

Sonstige Aktivitäten

Wandern: Neben dem ***Vilstalwanderweg*** der die Vils auf 98 km von der Quelle bis zur Mündung begleitet, bietet sich der 31 km lange ***Wacholderwanderweg***, durch das streckenweise sehr idyllische Tal der Lauterach an. Der ***„Erzweg"*** führt durch das „Ruhrgebiet des Mittelalters".
Radfahren: Auf dem ***Vilstalradweg*** von Vilseck nach Kallmünz, ggf. zurück auf dem ***Naab- und Schweppermann-Radweg*** als Rundtour, oder dem ***Vils-Haidenaab Radweg*** mit ***Naab- und Schweppermann-Radweg*** (ebenfalls eine Rundtour). ***Geologische Themenradwege*** führen durch das Amberg-Sulzbacher Land. Der ***„Fünf-Flüsse-Radweg"*** (Vils, Naab, Pegnitz, Altmühl, Donau) führt als 294 km langer Rundweg durch die landschaftlichen Schönheiten des Bayerischen Jura und der Frankenalb.
Schwimmen: Badevergnügen bieten das ***Kurfürstenbad*** und das ***Hockermühlbad*** in Amberg, außerdem das ***Freibad in Rieden.*** Ein besonderes Vergnügen ist das ***Dünenfreibad*** im wenige Kilometer entfernt gelegenen Hirschau mit dem Mt. Kaolino, dazu auch ein sommerliches Eldorado zum Sandboarden, bzw. Sandskifahren, hier gibt es auch einen Waldhochseilgarten.

Anreise: **Mit der Bahn:** Die Stadt Amberg ist über Nürnberg und Regensburg per Bahn erreichbar, der Ausstieg Kallmünz nur per Bus. Bahnanschluss besteht bei einer Weiterfahrt auf der Naab in Etterzhausen oder in Regensburg. **Mit dem Auto:** Von der Bundesautobahn A 9 über die E 50 bis Amberg Süd. Der Parkplatz am Einstieg befindet sich am Schießstätteweg, wenige Meter vom Kurfürstenbad und dem Amberger Congress-Centrum entfernt.

Zurück zum Pkw: Mit öffentlichen Verkehrsmitteln kann man von Kallmünz mit dem Bus Nr. 15 nach Regensburg und von dort mit der Bahn zurück nach Amberg fahren. Wer mit dem Kanu von Amberg nach Regensburg fährt, findet auf dieser Strecke eine direkte Bahn-Verbindung. Alternativ mit dem Fahrrad auf dem Vilstalradweg der den Fluss begleitet. Empfehlenswert ist es, das Fahrzeug am Abend nachzuholen.

Einsetzstelle: Amberg, Schießstätteweg 10 (Großparkplatz), von dort ca. 100 m Fußweg zur Vils.

Aussetzstelle: Kallmünz, Großparkplatz „Innerer Markt", Keltenweg

---

Länge der Etappe: 39,8 km

Etappenvorschlag:

1. Tag Amberg – Rieden (18 km)
2. Tag Rieden – Kallmünz (22 km)

Dauer: 2 Tage

Umtragestellen:

❶ **Drahthammer** 50 m
❷ **Haselmühl** 100 m
❸ **Theuern** 200 m
❹ **Wolfsbach** 400 m
❺ **Leidersdorf** 20 m
❻ **Ensdorf** 20 m
❼ **Rieden** links umtragen
❽ **Vilswörth** 250 m
❾ **Harschhof** 10 m
❿ **Emhof** 100 m
⓫ **Dietldorf** links umtragen
⓬ **Traidendorf** 300 m
⓭ **Kallmünz** 50 m

Bootswagen erforderlich. Empfehlenswert sind wendige Kunststoff-einer mit Spritzdecke aber auch offene Kanadier.

Blick auf Amberg

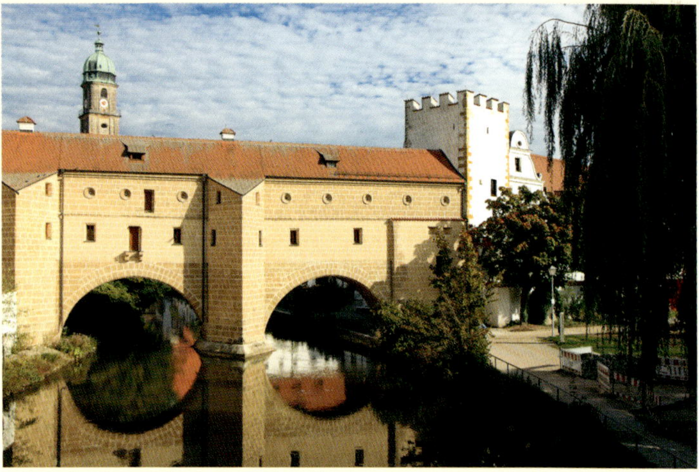

Die Amberger "Stadtbrille" überspannt mit einer Länge von 46 Metern den Fluss und ist schon 1454 als „Gang über die Vils" nachweisbar.

Amberg wurde bereits im 8./9. Jahrhundert gegründet, war von 1329-1810 Hauptstadt der Oberpfalz und über Jahrhunderte Zentrum der Eisengewinnung. Ein Rundgang durch die historische Altstadt mit ihren vielen Sehenswürdigkeiten ist ein absoluter Höhepunkt für den man

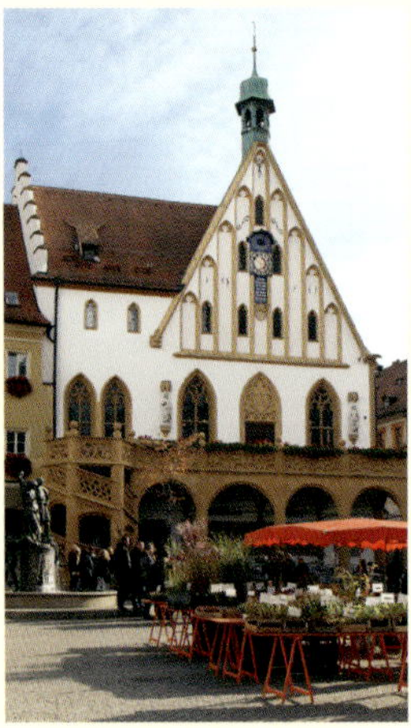

etwas Zeit einplanen sollte. Noch heute ist Amberg fast lückenlos von einer Stadtmauer umgeben und besticht durch eine mittelalterliche Architektur. Die „Stadtbrille", durch die wir auch am Beginn unserer Kanutour die Altstadt von Amberg erreichen, ist ein mächtiger Wassertorbau aus dem 15. Jahrhundert. Und südlich der „Stadtbrille" gelangt man zum Kurfürstenbad und dem Gelände der Landesgartenschau von 1996, ein beliebtes Naherholungsgebiet.

Tourist-Information
Hallplatz 2, 92224 Amberg,
Tel. (09621) 10-239, www.amberg.de

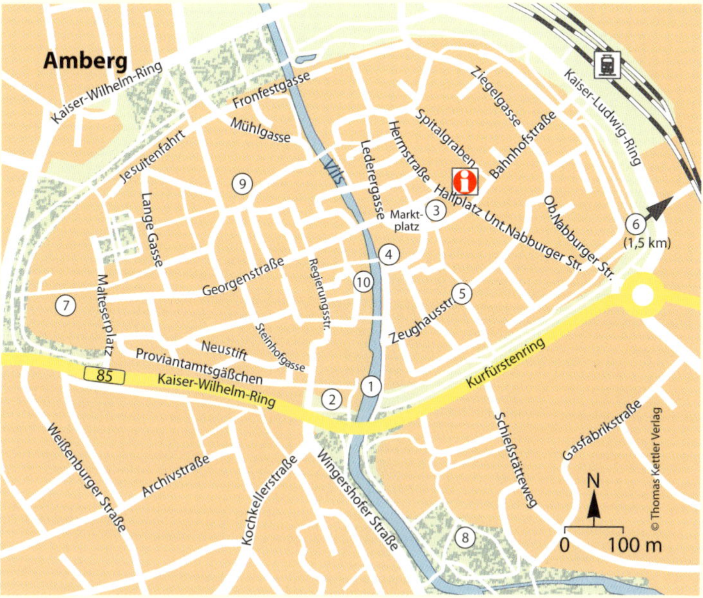

① ***Altstadt.*** Mit Stadtbefestigung und Graben, vier Toren und der „Stadtbrille", dem Wahrzeichen der Stadt.

② ***Kurfürstliches Schloss*** (heute Landratsamt).

③ ***Gotisches Rathaus.*** Am Marktplatz, davor der Hochzeitsbrunnen benannt nach der „Amberger Hochzeit" von Kurfürst Philipp und der Bayerischen Prinzessin Margarete im Jahr 1474.

④ ***Hallenkirche St. Martin.*** Der bedeutendste gotische Kirchenbau der Oberpfalz.

⑤ ***Stadtmuseum Amberg.*** Öffnung Di-Fr 11-16, Sa/So 11-17, Eintritt 4 €, ermäßigt 1,50/3 €.

⑥ ***Mariahilfbergkirche.*** Auf dem Mariahilfberg nordöstlich der Altstadt mit einem Deckenfresko von Cosmas Damian Asam (1717), hier findet auch das Bergfest jedes Jahr Anfang Juli statt.

⑦ ***Barocke Georgskirche*** (1359 erbaut) mit prächtigem Hochaltar.

⑧ ***Stadtpark.*** Auf dem Gelände der Landesgartenschau von 1996 mit dem „Amberger Skulpturenweg" und einem „Piratenspielplatz".

⑨ ***Stadttheater.*** 1978 eröffnet und Mittelpunkt zahlreicher Aufführungen.

⑩ ***Luftmuseum.*** Mit vielen Exponaten zum Thema. Öffnungszeit Di-Fr 14-18, Sa/So/Feiertag 11-17, Eintritt 3,50 €, ermäßigt 2 €.

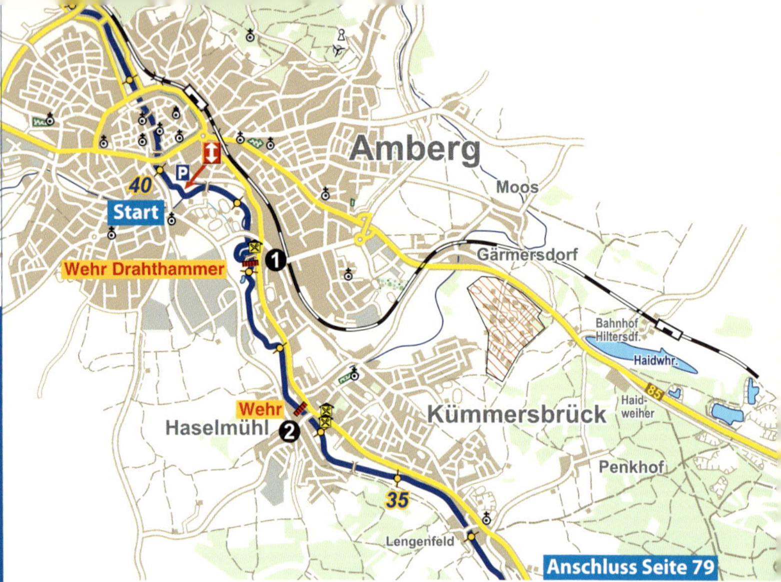

km 39,8 Der Bootseinstieg befindet sich in **Amberg** gleich unterhalb der Fußgänger- und Radwegbrücke hinter dem Großparkplatz beim Kurfürstenbad.

Abstecher

Erst einmal flussaufwärts in die Altstadt von Amberg zu paddeln ist ein absolutes „Muss“! Vorbei am Kurfürstenbad erreichen wir die ***Amberger „Stadtbrille“***, das Wahrzeichen der Stadt. Links das ehemalige Schloss, rechts das Zeughaus, dann wird der Blick frei auf die schönen Häuserfassaden der Schiffgasse und nach der Fußgänger-Holzbrücke steht die Katholische St. Martinskirche unmittelbar vor uns. An einer kleinen Treppe landen wir an und deponieren hier am Salzstadelplatz unsere Boote. Nach wenigen Metern erreichen wir den Marktplatz mit dem wunderschönen Rathaus und weiteren Sehenswürdigkeiten. Das naturtrübe Zoiglbier und deftige Regionalküche locken zur Einkehr. Bemerkenswert sind die Hochwassermarkierungen in der Schiffgasse.

Wieder zurück am Einstieg paddeln wir nun flussabwärts durch das Gelände der ehemaligen Landesgartenschau von 1966. Ein Spaziergang durch die Parkanlagen lohnt sich. Sehr schön ist der ***„Rastplatz der Sinne“*** mit kunstvollen Naturstein-Objekten.

Hinter der Straßenbrücke der Bruno-Hofer-Straße beginnt bald eine neu gestaltete Flussschleife, welche die amtlich Kilometrierung um 300 Meter verlängert. **km 38,4**

Wenig später passieren wir den Anlegeplatz für „Plätten" mit denen Touristen an Wochenenden durch den Stadtpark fahren können. Dies sind traditionell kiellose, weitgehend kastenförmige hölzerne Arbeitsschiffe, die auf der Vils und im ganzen Alpen-Donauraum genutzt wurden.

Am Ende der Flussschleife muss auf eine niedrige Radwegbrücke geachtet werden!

Gegen Ende der Parkanlage kommen wir zum unfahrbaren *Steilwehr* **Drahthammer**. Links befindet sich die Treppe für die kurze Umtragung hinter dem *Hotel Drahthammer Schlößl*. Hier liegt auch der Nachbau eines historischen „Amberger Erzschiffes" am Ufer. *Seit dem 11. Jahrhundert wurden mit ihnen die Hammerwerke in der ganzen Oberpfalz und ganz Schwaben mit Eisen beliefert, um auf dem Rückweg Salz nach Amberg zu transportieren. Erst im 19. Jahrhundert wurde die Vilsschifffahrt eingestellt.*

km 38,1

❶ **Wehr** (links ca. 50 m umtragen)

Hotel & Restaurant Drahthammer Schlößl (09621) 70 30

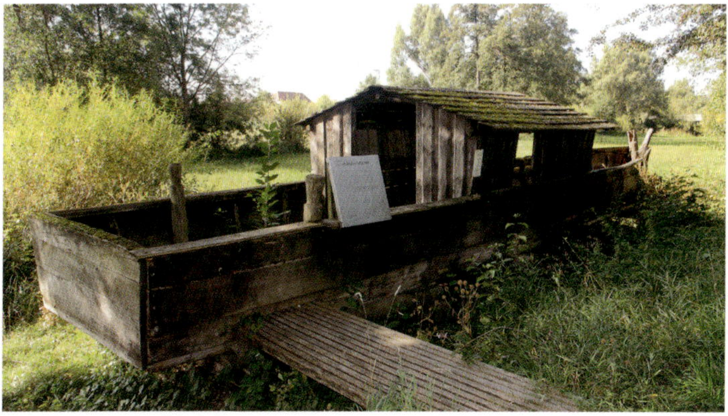

Am Drahthammer Wehr erfährt man auf einer Infotafel Wissenswertes über die Amberger Erzschiffe.

Auf der Folgestrecke begleitet die Vils mit geringem Abstand die vielbefahrene Vilsstraße vorbei an **Kümmersbruck**. Bis hinter **Lengenfeld** befinden wir uns noch in der flachen Landschaft der Amberger Senke.

km 36,4

Wehr ❷ (links 100 m umtragen)

Hotel-Gasthof „Zur Post" (09621) 97 06 00

Das unbefahrbare ***Steilwehr*** **Haselmühl** wird links umtragen, die Umgehungsrinne darf hier nicht benutzt werden. Nicht direkt am Fluss, in der nahen Vilsstr. 82, bietet sich das ***Hotel-Gasthof „Zur Post"*** als Übernachtungsmöglichkeit an.

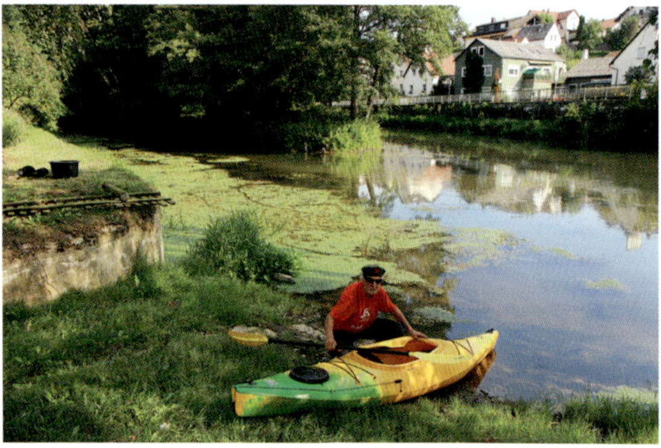

Einstieg in Theuern.

km 34

NSG

Hinter Lengenfeld fließt die Vils in ein Trogtal und die dicht bewaldeten Hänge des ***Naturparks Hirschwald*** reichen rechts bis ans Ufer. *Der als „Grünes Herz der Oberpfalz" bezeichnete Naturpark gibt aufgrund des nahezu mediterranen Klimas in den Südlagen der Täler und wegen der traditionellen Beweidung, einer vielfältigen Flora und Fauna optimale Lebensbedingungen. So sind neben Kleinstarten wie der Wachsblumenmauerbiene, dem üppig blühenden Frauenschuh auch rund 14 verschiedene Fledermausarten heimisch. Von diesen hat die Große Hufeisennase hier sogar ihre einzige Jungenaufzucht deutschlandweit.*

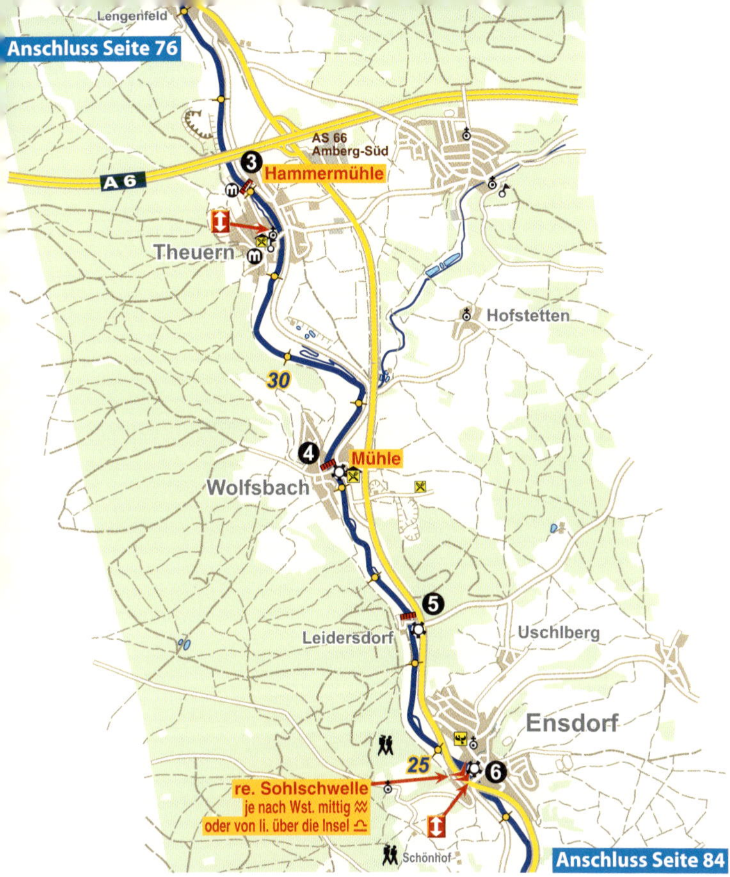

Die Autobahnbrücke der A6 Nürnberg-Amberg kreuzt in großer Höhe den Fluss und nach 400 Metern erreicht man eine hölzerne Fußgängerbrücke am Ortseingang von **Theuern**.

km 32,8

Das *Wehr* in Theuern muss links bis zur Straßenbrücke umtragen werden. Wenn der rechts verlaufende Umgehungsbach ausreichend Wasser führt, kann man diesen nach Ansehen befahren oder hier treideln. Gleich daneben ist das barocke ***Hammerherrenschloss*** mit dem sehr interessanten ***Bergbau- und Industriemuseum*** einen Besuch wert. *Es dokumentiert die Bergbauindustrie des gesamten*

km 32

❸ **Wehr** (links 200 m umtragen)

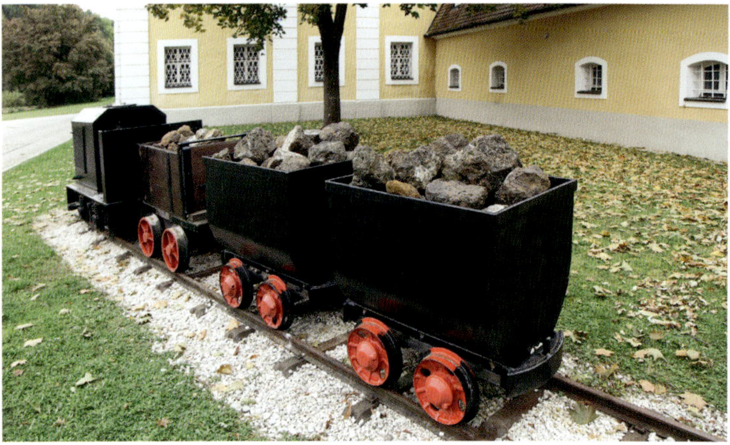

Muldenwagen im Eisenerz-Bergbau vor dem Bergbau- und Industriemuseum Theuern.

Kultur-Schloss Theuern, Bergbau- und Industriemuseum Ostbayern
(09624) 832

ostbayerischen Raumes – über Jahrhunderte war die Oberpfalz das „Ruhrgebiet des Mittelalters". Die Eisenerzförderung führte zur Entstehung von Eisenhütten und Schachtanlagen, aber auch der Kaolinabbau für die Porzellanindustrie spielte eine wichtige Rolle. Wer sich Zeit nehmen will, sollte neben der umfangreichen Ausstellung im Schloss auch die Außenanlagen Hammer- und Polierwerk und das Strommuseum, die sich allesamt 200 m flussauf gegenüber der Ausstiegsstelle befinden, sowie die Schachtanlage besuchen. Eine schöne Übernachtungsmöglichkeit vis-á-vis des Hammerherrenschlosses bietet ein *Gasthof*, der Leckereien wie Oberpfälzer Krustenbraten in würziger Klosterbier Soße oder fangfrischen Spiegelkarpfen knusprig im Bierteig gebacken serviert.

Zum Schlosswirt
(09624) 801

km 28,3

Wehr ❹
(Bootsrutsche o. links umtragen)

In weit ausholenden Schleifen fließt die Vils Richtung **Wolfsbach**. Direkt unter der Brücke befindet sich das *Wehr*, das mittig über die Bootsrutsche leicht befahren werden kann. Bei geringer Wasserführung kann man problemlos an die Wehrkrone

heranfahren, bei höherem Wasserstand sollte man besser vorher besichtigen und ggf. links beim *Gasthaus* (mit Zimmervermietung) an einem Steg aussetzen und auf einer Länge von 400 m umtragen. Oberhalb des mehr als 1.000 Jahre alten Ortes liegt das ehemalige Hammerschloss, ein Bau aus dem frühen 17. Jahrhundert, heute ein Bauernhof.
Es folgt eine neu angelegte Flussschleife, etwas später eine Insel mit Altarmen, auch der Weiterweg präsentiert eine sehr attraktive Flusslandschaft.

Gasthaus Schützenheim
(096241) 922 68 76

Das *Wehr* **Leidersdorf** (starker Rücksog bei höherem Wasserstand) wird rechts kurz umtragen (Holzpodest am Wiedereinstieg). Links liegt nun das ehemalige Hammerschloss und die unter Denkmalschutz stehende spätere Kunstmühle („Kunstmühle", weil nicht mit Steinen, sondern mit Metallwalzen gemahlen wurde). Leidersdorf hat eine alte Mühlentradition. *Unter der Herrschaft von Kloster Ensdorf wurde zur Mühle noch ein Eisenhammer betrieben. Eine Gruppe junger Leute kam 2013 auf die Idee einen „Tag der offenen Mühle" ins Leben zu rufen und der im Verfall begriffenen Mühle wenigstens für einen Tag neues Leben einzuhauchen. Die Besitzerin will nun Gebäude und Mühleneinrichtung (Maschinen von 1910) erhalten und hofft auf einen Investor.*

km 26,5

5 Wehr
(rechts 20 m umtragen)

Durch Renaturierungsmaßnahmen der Vils zwischen Wolfsbach und Ensdorf hat der Fluss seine ursprüngliche Form erhalten und ist damit für zahlreiche Tiere und Pflanzen zur Heimat geworden.

Gleich nach Unterfahren einer Fußgängerbrücke und der dahinterliegenden Straßenbrücke, wird das in eine Sohlschwelle zurückgebaute *Wehr* **Ensdorf** je nach Wasserstand mittig befahren. Oder man fährt links in den Mühlkanal ein, um kurz da-

km 24,8

6 Wehr/Sohlschwelle (evtl. li. 20 m umtragen)

rauf rechts über die schmale Insel wieder in die bei NW zunächst seichte Vils einzusetzen. Hier leichtes Gefälle und Steine im Flussbett!

km 24,6

Umweltstation Ensdorf
(09624) 92 00-0

An der Straßenbrücke (Bahnhofstr.) gibt es rechts eine Aussetzmöglichkeit mit Treppe.
Sehr schön ist das rund 400 m entfernte ***Benediktinerkloster Ensdorf***. *Gegründet wurde es 1121, mit dem Bau der barocken Klosterkirche, dessen Deckengemälde von den Asam-Brüdern stammen, wurde 1694 begonnen. Im Chor der Kirche befindet sich an der Nordwand das Stiftergrab des Pfalzgrafen Otto von Wittelsbach und seiner Gemahlin. Seit sich 1920 der Orden des italienischen Heiligen Don Giovanni Bosco hier niedergelassen hat, sind die Angebote des Klosters an Schulklassen, Jugendliche, Kinder und Familien auf das*

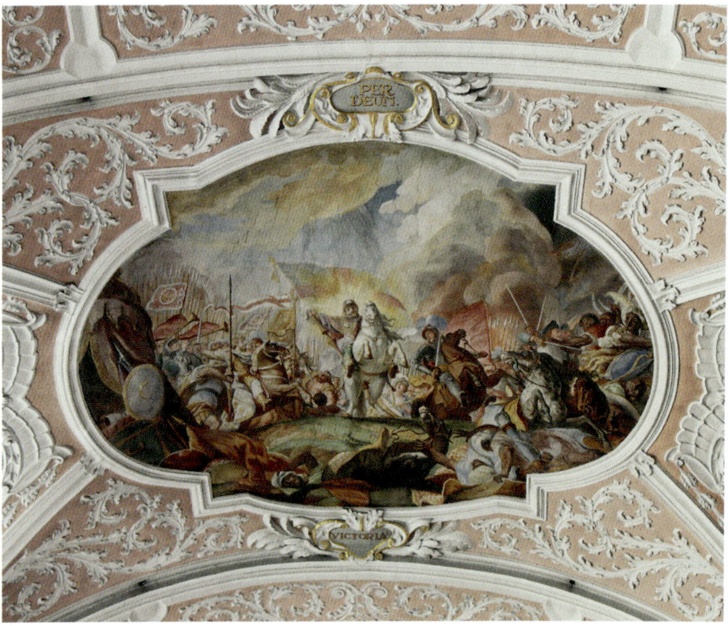

Das Deckengemälde von 1716 zeigt Jakobus d. Ä. in der Schlacht von Clavigo im Jahre 855 gegen die Mauren.

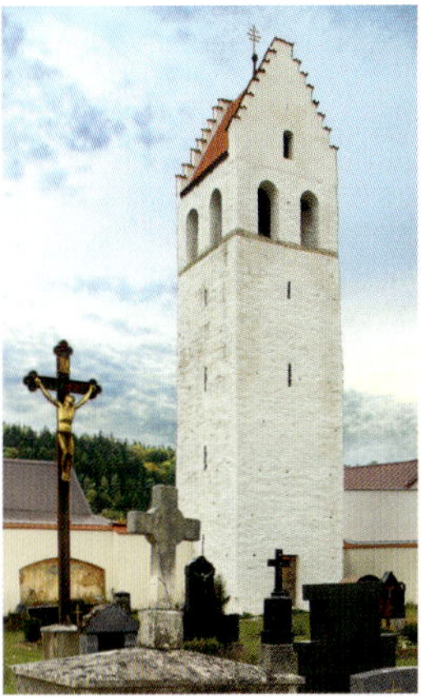

Der zum Bau des Stephansturm benötigte Kalkstein wurde per Schiff von einem vilsauf gelegenen Steinbruch zur Baustelle gebracht.

„Leben-Gelingen" junger Menschen ausgerichtet. Neben dem gegenüberliegenden alten Friedhof steht der Stephansturm, ein romanischer Glockenturm von 1075, der zu den ältesten seiner Art in Bayern zählt. Die im Kloster untergebrachte ***Umweltstation*** bietet nach Voranmeldung, allerdings nur für Gruppen, Übernachtungsmöglichkeiten und eine Kanuvermietung (Voranmeldung).

Die etwa 8 km lange Wanderung ***„Asamschlaufe"*** bietet sich als gut zweistündige Rundwanderung mit Start und Ziel Kloster Ensdorf an. Sie kann natürlich auch von Rieden aus (nette Übernachtungsmöglichkeit) durchgeführt werden.
Vom Klosterhof aus geht es vorbei am Rathaus auf die andere Seite des Flusses, wo der Weg in nördliche Richtung zur einen Kilometer entfernten und 15 Meter über der Vils gelegenen ***„Steinbergwand"*** führt. Grabungsfunde haben hier eine Besiedlung in der Altsteinzeit vor 20.000 Jahren belegt. In Zusammenarbeit mit dem Naturpark Hirschwald wurde eine vorbildliche Beschilderung erarbeitet. Nun geht es über einen Forstweg zum Fuß der 218 Stufen zählenden Kreuzwegtreppe. Oben angekommen bietet sich eine herrliche Aussicht auf den Ort. Weitere Stationen: die auf dem Eggenberg gelegene „Wallfahrtskirche der 14 Nothelfer" (Ende 17. Jh.) – Weiler Schön – Schönhof – Schlossbergkapelle – Rieden – Ensdorf.

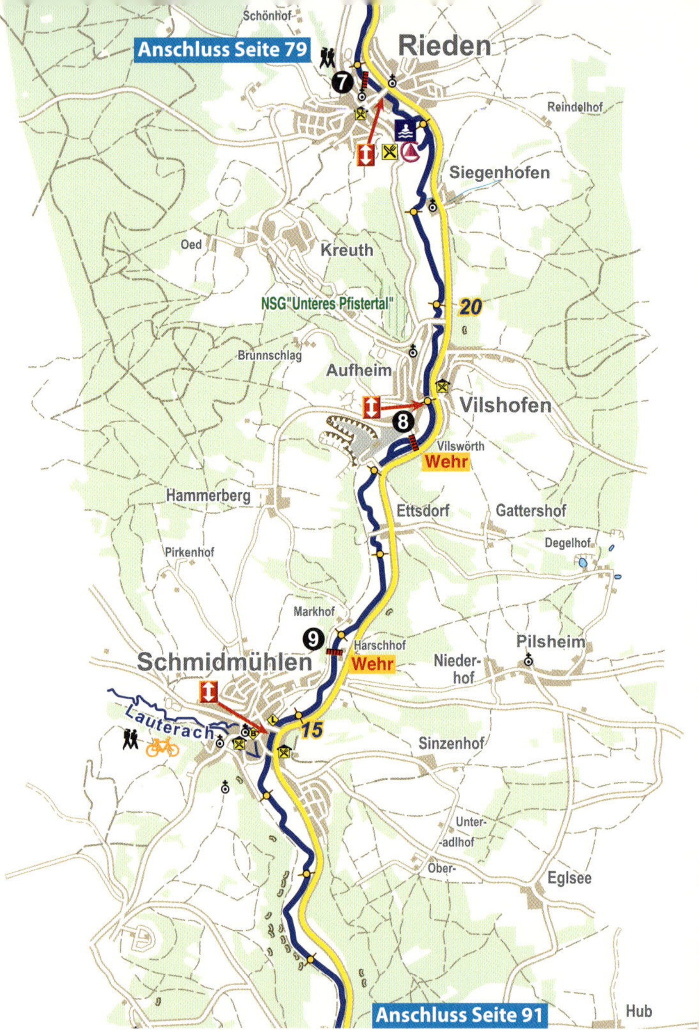

km 24,6 Beim Verlassen des Ortes kreuzt man zum zweiten Mal die Straßenbrücke der ST2165.

km 22,9 Das *Wehr* **Rieden** ist nur für Geübte bei günstigem Wasserstand befahrbar, ansonsten muss links umtragen oder bei Niedrigwasser über die Wehrkrone übergehoben werden.

Wehr 7
(links umtragen)

Unmittelbar nach der Straßenbrücke bietet sich rechts eine Treppe zum Ausstieg. Um 800 stand auf dem Bergsporn über Rieden bereits eine Burg, heute sind davon nur noch Mauerreste zu sehen. Die Marktgemeinde liegt an den Ausläufern des Hirschwaldes. Rieden kann nur mit wenigen Sehenswürdigkeiten aufwarten, besitzt aber einige Gasthäuser, einen Campingplatz und ein schönes Freibad. Dazu liegt es am ***Vils-Radweg*** und man kann hier auf verschiedenen Wanderwegen die Umgebung erkunden. Der in der Hauptstraße gelegene ***Landgasthof „Zum Bärenwirt"*** (seit 1750) ist von der Aussetzstelle nur wenige Meter entfernt. Hier kann man sich in einem der vier Gästezimmer einquartieren und danach einen „Juradistl Lammbraten mit Rosmarinsauce" genießen oder dem „Wurschtsuppnfoahrn" einem alten bayerischen Brauch vom Schlachtschüssel-Essen folgen. Mit dem Gut Matheshof gibt es in zweieinhalb Kilometern Entfernung auch das „Ostbayerische Pferdesport- und Turnierzentrum", das größte Reitsportzentrum Europas. Dort zieht seit 2006 das Musikfestival

km 22,5

L

Landgasthof „Zum Bärenwirt"
(09624) 28 88

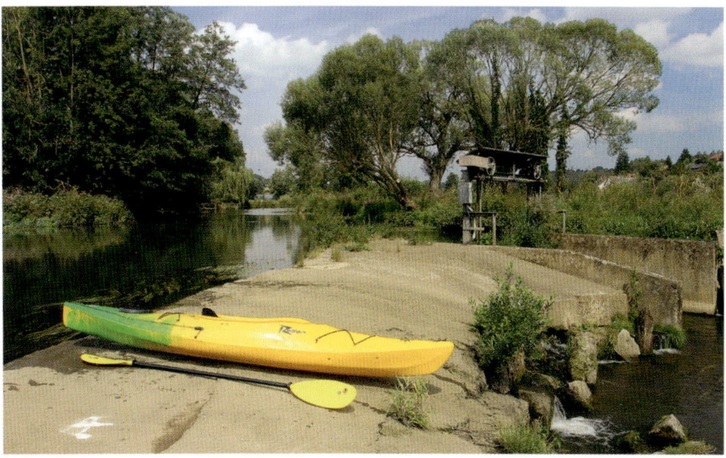

Am Riedener Wehr kann bei niedrigem Wasserstand über die Wehrkrone umgesetzt werden.

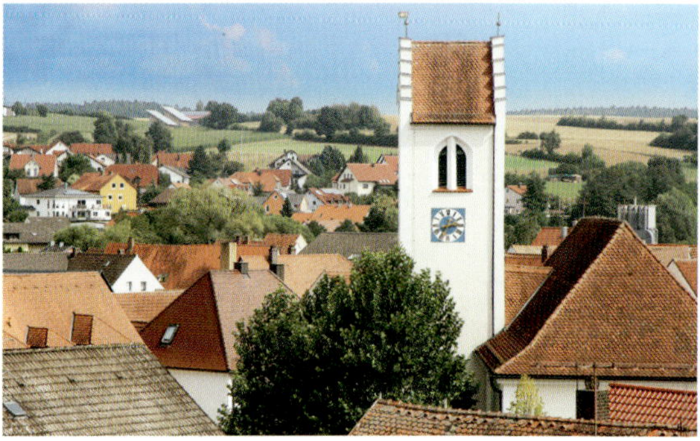

Vom Vils-Radweg bietet sich ein hübscher Blick auf Rieden.

G.O.N.D. (G.rößte O.nkelz N.acht D.eutschlands) mit Coverbands der Onkelz, Deutschrock- und Punk-Bands bis zu 20.000 Menschen an.

km 21,9

Campingplatz Rieden
(09624) 899 oder
0172-898 84 82

Nach Passieren des Freibads, geht es nach 200 Metern rechts, einem blauen Hinweisschild folgend, in einen Stichkanal der am ***Campingplatz*** (Gaststätte) endet. Übernachtungsgäste nutzen das Schwimmbad übrigens kostenlos. Wanderer können die Gegend um Rieden auf sechs Rundwanderwegen von insgesamt 70 Kilometern Länge erkunden oder von hier die zuvor erwähnte Wanderung auf der „Asam-Schlaufe" nach Ensdorf unternehmen. Eine topografische Karte mit Wegbeschreibungen hält die Touristinfo für 50 Cent bereit.

Im weiteren Flussverlauf sorgen nach rund 500 Metern zwei befahrbare Sohlschwellen in kurzem Abstand für sportliches Vergnügen.

NSG

Richtung **Vilshofen** passiert man das rechts gelegene ***Naturschutzgebiet „Unteres Pfistertal nördlich von Vilshofen"***, das trotz seiner geringen Größe eine Vielzahl der in der Mittleren Frankenalb vorkommenden Lebensräume widerspiegelt. Von besonderer Bedeutung für den meist wasserarmen Karst, sind die in seinem Zentrum vorhandenen Feuchtgebiete und die sie umgebenden Kalkhalbtrockenrasen und Eichen-Hainbuchenmischwälder.

Hinter der Straßenbrücke Vilshofen bietet rechts die Treppe eine Ausstiegsmöglichkeit, um linkerhand zum 100 Meter entfernten *Gasthof Ochsenwirt* (Übernachtungsmöglichkeit) zu gehen. Dieser offeriert ungarische, jugoslawische und bayerische Küche.

km 19

Gasthof Ochsenwirt
(09474) 381

Das *Wehr* **Vilswörth** muss rechts auf ca. 250 Metern Länge bis zu einer nachfolgenden Brücke umtragen werden (Bootswagen).
Um 1700 wurde das auf einer Vils-Insel stehende Hammerschloss erbaut, nach einem Brand 2002 wiederaufgebaut, mustergültig restauriert und befindet sich heute in Privatbesitz.

km 18,5

8 Wehr
(rechts 250 m umtragen)

Rund 300 Meter vor dem *Wehr* und Kraftwerk **Harschhof** befindet sich am rechten Ufer versteckt hinter einem Gehöft, eine gelb gestrichene Marienkapelle aus dem 19. Jahrhundert. Rechts, kurz vor dem Wehr, erreicht man über eine neue Treppe nach zehn Metern das Unterwasser. Der Fischaufstieg rechts ist steinig und kaum befahrbar. Kurz darauf befindet sich eine Wegebrücke mit Parkplatz.
Die nun folgenden Schwallstrecken und Sohlschwellen sind ohne Probleme meist mittig befahrbar und bereiten nach der langen Umtragung des Vilswörther Wehres reines Vergnügen.

km 15,8

9 Wehr
(rechts 10 m umtragen)

An der ersten Straßenbrücke von **Schmidmühlen** befindet sich rechts unterhalb eines Parkplatzes die Aussetzstelle. *Der am Zusammenfluss von Vils und Lauterach gelegene Ort ist klein, aber sehenswert und war im Mittelalter Kreuzungspunkt von*

km 14,7

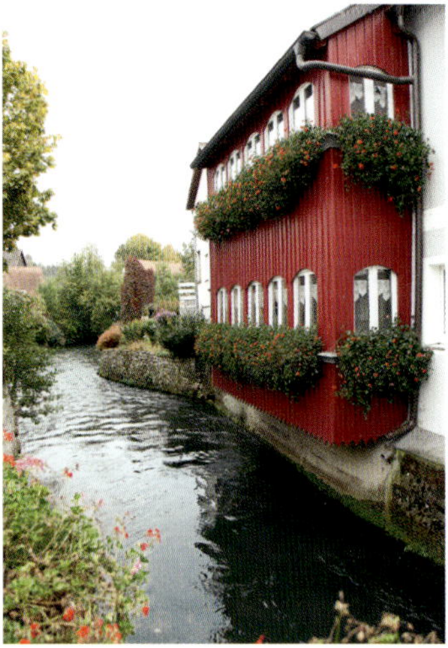

Schmidmühlens Ortsname stammt von zwei Industriezweigen die beide auf Wasserkraft angewiesen sind – Schmieden und Mühlen.

Handelsstraßen und nicht zuletzt verdankt der Ort seinen einstigen Wohlstand auch der von Handelsschiffen befahrenen Vils. Im „Oberen Schloss" (16. Jh.), ehemals eine Wasserburg mit Renaissance-Fresken im Rittersaal, befinden sich das Rathaus und die Touristinfo. Der Moriskentänzer auf dem Brunnen davor erinnert an den Bildhauer und Baumeister Erasmus Grasser, dem bekanntesten Sohn der Marktgemeinde. Der historische Ortskern von Schmidmühlen, das wegen seines idyllisch durch den Markt verlaufenden Lauteracharms gerne als „Klein Venedig" bezeichnet wird, wurde 1989-1995 mit erheblichen Mitteln saniert. Der **Gasthof „Zum Goldenen Lamm"** ist bekannt für seine fangfrischen Regenbogenforellen. Dazu schmeckt besonders das süffige Mönchshof-Kellerbier im Steinkrug.

Gasthof & Pension „Zum Goldenen Lamm"
(09474) 540

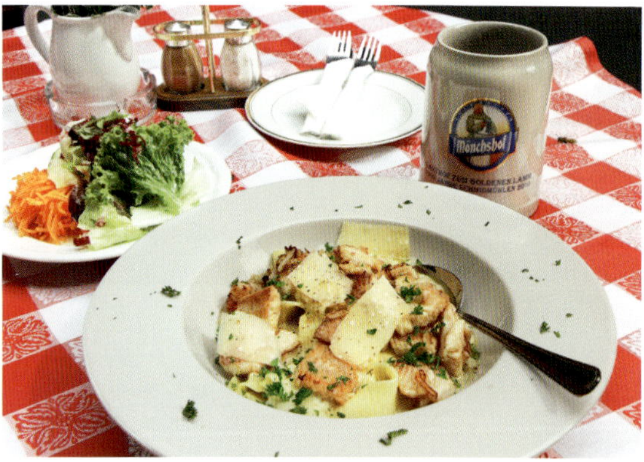

Leckeres im "Goldenen Lamm" – gebratene Lauterach-Forelle auf Bandnudeln in Rieslingsauce mit frischem Parmesan.

Zur flussnahen Übernachtung besser geeignet, ist aber sicherlich der auf Höhe der nächsten Brücke links liegende *Gasthof Pension Lindenhof*. Ausstieg an einer Treppe (Pegel) links an der Brücke. Übernachtungsgäste können hier ihre Boote deponieren. Die üppigen Portionen (griechische Küche und Fisch) sollten auch hungrige Paddler zufriedenstellen.
Kurz darauf mündet die Lauterach von rechts in die Vils. Dieser malerische Kleinfluss ist auf 26 km von Kastl bis zur Mündung mit Einer-Kajaks befahrbar, hat viele Wehre, aber zum Teil auch sehr naturbelassene Mäanderschleifen.

km 14,5

Gasthof Pension Lindenhof
(09474) 95 12 34

Entlang der romantischen ***Lauterach***, einem der schönsten Forellengewässer Deutschlands und einem Paradies für Wasservögel, verläuft der 31 km lange ***Wacholder-Wanderweg*** und ein lohnender Radweg. Duftender Trockenrasen, Wacholderbüsche und Orchideen, steil aufragende Dolomittürme – all das charakterisiert das enge, malerische Tal. Am Rand des 28.000 ha großen ***Naturparks Hirschwald*** mit seinen ausgedehnten Wäldern und heckenreichen Hügeln, kann man in zwei Tagesetappen über Hohenburg, mit den Überresten einer rund 1.000 Jahre alten Burganlage, bequem nach Kastl wandern. Das begeistert mit seiner Befestigungsanlage, den liebevoll renovierten Häusern die den Markt zieren, dem Rathaus mit den spätgotischen Treppengiebeln und dem Heimatmuseum. (Übernachtungen: *Pension Stauber,* Marktplatz 28, 92277 Hohenburg, Tel. (09626) 252 und *Gasthof „Schwarzer Bär“,* Marktplatz 13, 92280 Kastl, Tel. (09625) 562).

Das *Wehr* in **Emhof** ist einfach zu umtragen, ggf. ist auch die Umgehungsrinne befahrbar. Rechterhand befindet sich der Ort Emhof mit seiner romanischen ***Pfarrkirche*** und die *Pension „Im Vilstal“*,

km 11

⑩ Wehr (rechts 100 m umtragen)

Pension Keller-meier „Im Vilstal"
(09474) 940 10

in der Paddler ein Zimmer finden (Bewirtung nur für Hausgäste). Direkt in Höhe des Wehres befindet sich auch ein überdachter Rastplatz mit Tisch und Bänken sowie ein Kinderspielplatz.
Im weiteren Verlauf folgt ein Abschnitt mit flotter Strömung und den einfach zu befahrenden „Dietldorfer Schwällen".

km 7
Wehr 11
(links umtragen)

Das *Wehr* **Dietldorf** mit den neuen Hochwasser-Schutzbauten wird links umtragen, eventuell ist auch die Fischaufstiegshilfe befahrbar. 100 Meter danach begeistert ein kräftiger Schwall.

km 6,7
L
Landgasthof Weiss
(09473) 578

Gleich hinter der Straßenbrücke Dietldorf besteht die Möglichkeit links unterhalb des *Landgasthofs Weiss* anzulegen. Wegen seiner gutbürgerlichen Küche und der prämierten Wurstwaren aus eigener Metzgerei, erfreut er sich großer Beliebtheit.
Der Traidendorfer Hammerwerksbesitzer Friedrich Eberhart von Tänzl, der ursprünglich aus einem begüterten österreichischen Bürger- und Gewerkengeschlecht stammte, baute 1700-1705 das Dietldorfer

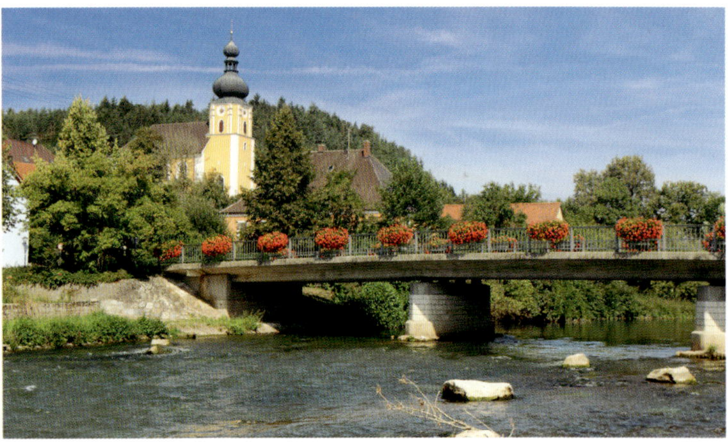

Die 1723 eingeweihte Pfarrkirche St. Pankratius von Dietldorf steht auf einer vorgeschobenen Bergnase über der Vils.

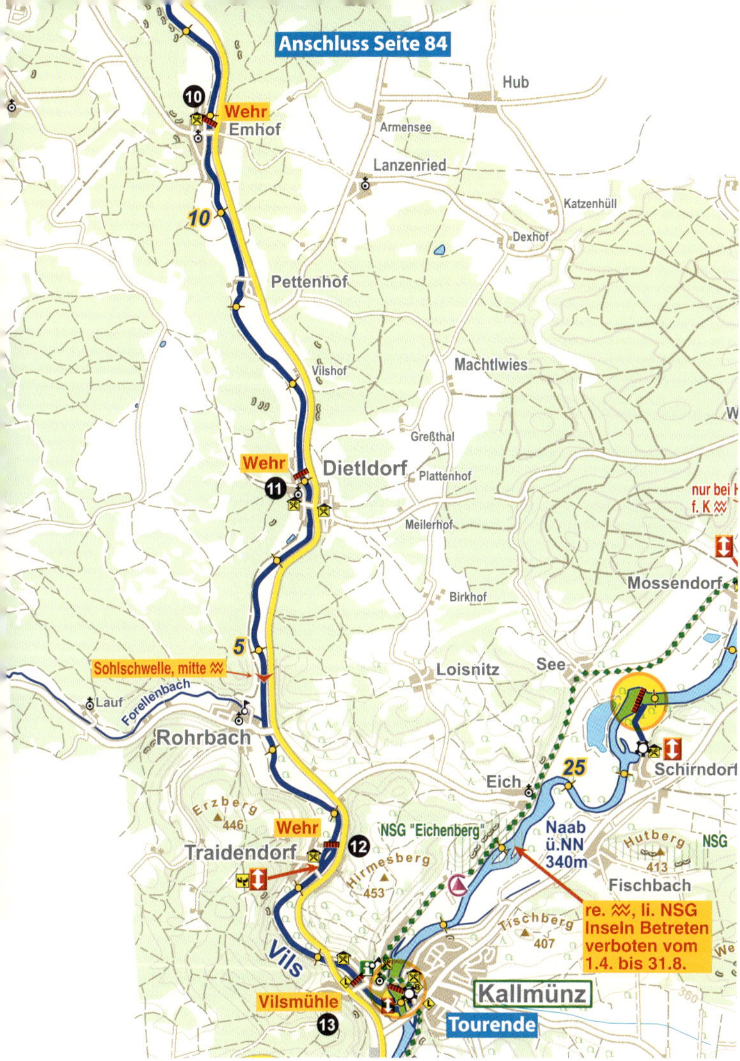

Renaissanceschloss. Heute gehört das in Privatbesitz befindliche Schloss zu den wertvollsten adeligen Besitzungen dieser Art in der Oberpfalz.

Kurz danach passiert man den Pegel Dietldorf auf der linken Seite.

Eine weitere Sohlschwelle ist mittig befahrbar. **km 4,7**

km 4,2

Rechts liegt der Ort **Rohrbach** mit seinem ***Hammerherrenschloss*** aus dem 16. Jh. und der ***Pfarrkirche***. *Diese zeigt an der Kassettendecke Wappenschnitzereien von einem der bedeutendsten Montangeschlechter der Oberpfalz. Ein weiterer Hinweis auf die Bergbau-Geschichte, ist die im Tals des Forellenbachs gelegene Carolinenhütte, eine seit 1800 betriebene Gießerei, die zu den ältesten Gießereien Bayerns zählt. Vom Ort führt ein von Bildstöcken gesäumter Kreuzweg hinauf zum* ***Kapellenberg****, ehemals eine im späten 12. Jahrhundert erbaute Höhenburg. Die heutige Friedhofskapelle, die noch romanische Teile der Burgkapelle aus dem 12. Jahrhundert enthält, war früher eine Wallfahrtskirche.*

km 2,6

Wehr 12
(links 300 m umtragen)

In **Traidendorf** muss das Kanu links auf 300 Metern an der Straße entlang ***umtragen*** werden. Alternativ kann man auch kurz umtragen und dann treideln (bei NW meist nicht möglich).

km 2,3

Bootsverleih Kanuschorsch
(09473) 86 28

Hammerschloss Traidendorf
(09473) 10 42

Atelier Andrea Buckland
(09473) 95 04 98

Kurz vor der Straßenbrücke von Traidendorf befindet sich rechts an einer Holztreppe der Einstieg für Tagesfahrer die von hier mit einem Mietkanu die Fahrt auf Vils und Naab beginnen. Das nahe ***Hammerherrenschloss*** von 1684 ist heute ein Tagungs-

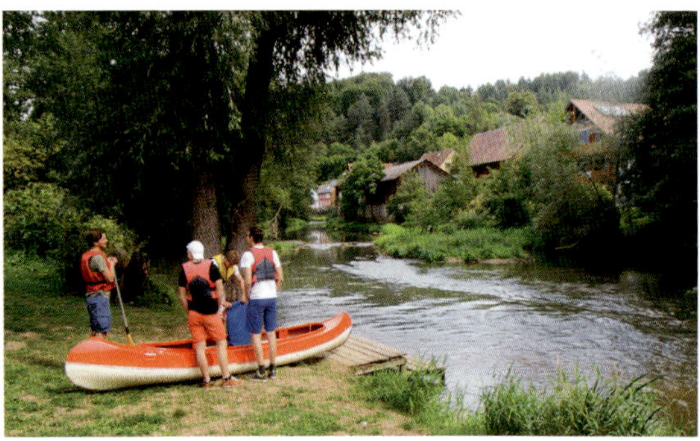

In Traidendorf kann an der hölzernen Treppe bequem ein- und ausgesetzt werden.

hotel, aber auch Tagesgäste bekommen hier ein Zimmer. Der heckengeschützte Garten mit einem kleinen Pavillon und eine großzügige Saunaanlage laden zum Verweilen ein. *Das **Atelier** der Künstlerin Andrea Buckland liegt idyllisch am steilen Hang des Fischerbergs. Dort entstehen ihre Arbeiten die sowohl Landschaften, als auch Architektonisches in Öl- und Acrylfarbe umfassen.*

Kurz vor dem ***Wehr*** **Kallmünz** (bei NW kann man das Boot über die Wehrkrone ins Unterwasser ziehen), liegt am linken Ufer der ***Gasthof „Zur Roten Amsel"*** mit einem direkt am Fluss gelegenen Biergarten (Ausstieg mit Treppe direkt vor dem Wehr links). *Professor Charles Palmié residierte hier 1901 mit seiner Malschule, gestaltete das Haus als „Künstlerheim" um und gab dem Gasthaus den Namen „Zur Roten Amsel". Schon Wassily Kandinsky hat sich in dem Haus 1903 während eines Sommerurlaubs mit seiner Malschülerin Gabriele Münter verlobt. Sie waren Magnet für andere Künstler nach Kallmünz zu kommen und heute hat die Kunst einen enormen Stellenwert, wie Galerien und Künstlergruppen zeigen.*

km 0,5

⑬ **Wehr** (50 m rechts umtragen)

Gasthof „Zur Roten Amsel"
(09473) 293

Nach Unterfahren der Straßenbrücke ist das Ende der Tour im Mündungsbereich der Vils in die Naab erreicht. Hier könnte man die Naab wenige Meter flussauf paddeln, vor dem *Wehr* das Boot deponieren und dann Kallmünz besichtigen (S. 56). Oder man umträgt das Wehr und paddelt auf der hier strömungslosen Naab 500 m flussauf zum ***Jugendzeltplatz Zaar*** um dort zu übernachten. Oder man hat sein Fahrzeug auf dem Parkplatz „Innerer Markt" geparkt und beendet da die Tour. Alternativ kann man die Fahrt aber auch auf der Naab bis nach Etterzhausen oder Regensburg verlängern *(siehe Tourenbeschreibung Naab)*. Von beiden Orten besteht eine direkte Bahnverbindung zurück nach Amberg.

km 0

Adressen

Übernachtung in Wassernähe

Bei Übernachtungen im Gasthof oder Hotel ist es besser sein Zimmer vorzubestellen. An beiden Gewässern ist man auf Radtouristen eingestellt die - ebenso wie durchreisende Paddler - häufig nur für eine Nacht bleiben. Unterstellmöglichkeiten für Kanus sind in der Regel kein Problem. Einige Gasthäuser und Campingplätze sind direkt vom Wasser aus zu sehen oder an den Brücken, Rastplätzen oder Aussetzstellen ausgeschildert.

Amberg

Hotel & Restaurant „Drahthammer Schlößl", Drahthammerstr. 30, Tel. (09621) 70 30, www.drahthammerschloessl.de

Büchelkühn (OT von Schwandorf)

Hotel-Restaurant Grabinger, Büchelkühner Str. 11, Tel. (09431) 733-0, www.hotel-grabinger.de

Burglengenfeld

Gasthaus Burgblick, Naabgasse 7, Tel. (09471) 703 40, www.burgblick.de

Gasthof-Hotel 3 Kronen, Hauptstr. 1 und 19, Tel. (09471) 703 30, www.hotel-cafe-dreikronen.de

Zeltplatz Burglengenfeld im Naabpark (Voranmeldung erforderlich), Tel. (09471) 70 18-20

Dietldorf (OT von Burglengenfeld)

Landgasthof Weiß, Dietldorf 24, Tel. (09473) 578, www.landgasthof-weiss-dietldorf.de

Emhof

Pension Kellermeier „Im Vilstal", Schlossstr. 10, Tel. (09474) 940 10, www.gasthaus-im-vilstal.de

Ettmannsdorf (OT von Schwandorf)

Hotel Ziegelhütte, Ziegelhütte 4, Tel. (09431) 41 00-0, www.hotel-ziegelhuette.de

Haselmühl-Kümmersbruck

Hotel zur Post, Vilstalstr. 82, Tel. (09621) 97 06 00, www.hotel-post-kuemmersbruck.de

Heitzenhofen (OT von Duggendorf)

Hotel Schlossresidenz Heitzenhofen, Naabstr. 5 a, Tel. (09473) 90 83 90, www.schloss-residenz-heitzenhofen.de

Kallmünz

Ferienwohnung „Auf der Zaar", Zaar 3, Tel. (09473) 87 62, www.auf-der-zaar.de

Gasthof „Zur Roten Amsel" mit Pension „Vilsruhe", Vilsgasse 46, Tel. (09473) 293, www.zur-roten-amsel.de

Jugendzeltplatz Zaar, Zaar 1, Tel. (09473) 14 66

„Zum Weißen Rössl", Alte Regensburger Str. 1, Tel. (09473) 234, www.zum-weissen-roessl.de

Krachenhausen (OT von Kallmünz)

Landgasthof Birnthaler, Heitzenhofener Weg 13, Tel. (09473) 950 80, www.landgasthof-birnthaler.de

Mariaort (OT von Pettendorf)

Gasthof Krieger, Naabstr. 20, Tel. (0941) 842 78, www.gasthof-krieger.de

Mossendorf

Bartlhof, Mossendorf 2, Tel. (09473) 85 64, www.bartlhof.de

Simmernhof, Mossendorf 4, Tel. (09471) 805 90, www.simmernhof-mossendorf.de

Münchshofen (OT von Teublitz)

Landgasthof Hintermeier, Uferstraße 37, Tel. (09471) 99 24-0, www.landgasthof-hintermeier.de

Nabburg

Gasthof „Zum Stern", Oberer Markt 6, Tel. (09433) 96 28, www.gasthof-zum-stern-nab.de

Hotel Gasthof Schwarzer Adler, Oberer Markt 5, Tel. (09433) 67 36,

Gasthof „Zur Krone", Perschener Straße 22, Tel. (09433) 96 08

Zeltplatz Nabburg (Nordgauhalle), Hubers Extremreisen, Tel. (09642) 35 73 und 0175-360 45 62, www.huber-naturerlebnis.de

Oberköblitz (OT von Wernberg-Köblitz)

Gasthof & Pension Zehentbartl, Hauptstraße 18, Tel. (09604) 22 16, www.gasthof-zehentbartl.de

Penk (OT von Nittendorf)

Gasthof Spitzauer, Löweneckstr. 9, Tel. (09404) 14 28, www.landgasthof-spitzauer.de

Perschen (OT von Nabburg)

Campingplatz Perschen, Neusather Str. 22, Tel. (09433) 93 68 oder 18 31

Pielenhofen

Campingplatz Naabtal-Pielenhofen, Distelhausen 2, Tel. (09409) 373, www.camping-pielenhofen.de

Klosterwirtschaft Pielenhofen, Klosterstr. 6, Tel. (09409) 15 25, www.klosterwirtschaft.de

Regensburg

AZUR Camping Regensburg, Weinweg 40, Tel. (0941) 27 00 25, www.azur-camping.de

Regensburger Ruderverein, Messerschmittstr. 2, Tel. (0941) 258 26, www.regensburger-ruderverein.de

Zeltplatz Regensburger Kanuclub, An der Schillerwiese 4, Tel. (0941) 262 03, www.regensburger-kanuclub.de

Rieden

Campingplatz Rieden, Vilshofener Str., Tel. (09624) 899 oder 0172-898 84 82

Landgasthof „Zum Bärenwirt“, Hauptstr. 9, Tel. (09624) 28 88, www.zum-baerenwirt.de

Saltendorf (OT von Teublitz)

Campingplatz Kuntsdorf-Teublitz, Kuntsdorf 5, Tel. (09471) 907 86

Zeltplatz Städtedreieck, Am Krombertsanger 15 b, Tel. (09471) 214 53

Schirndorf (OT von Kallmünz)

Gaststätte Skt. Georgimühle, Schirndorf 1, Tel. (09471) 59 68, www.georgimuehle.de

Schmidmühlen

Gasthof Pension Lindenhof, Am Anger 1, Tel. (09474) 95 12 34, www.gasthof-pension-lindenhof.de

Gasthof „Zum Goldenen Lamm“, Hauptstr. 10, Tel. (09474) 540, www.gasthof-pension-goldenes-lamm.de

Schwandorf

Gasthof Baier, Wöhrvorstadt 1, Tel. (09431) 23 86, www.gasthof-baier.de

Hotel Restaurant Waldlust, Fronberger Straße 10, Tel. (09431) 99 86-0, www.hotelwaldlust.de

Zeltplatz KC Schwandorf, Hubmannwöhrl (im Stadtpark), Tel. (09431) 416 19, www.kc-schwandorf.de

Schwarzenfeld

Hotel Gasthof Bauer, Hauptstr. 30, Tel. (09435) 543 10, www.hotel-gasthof-bauer.de

Hotel Schloss Schwarzenfeld, Schloss Straße 13 und 15, Tel. (09435) 555-0, www.schloss-schwarzenfeld.de

Zeltplatz Schwarzenfeld auf der Naabinsel, Voranmeldung erforderlich, Tel. (09453) 309-0

Theuern (OT von Kümmersbruck)

„Zum Schlosswirt", Tuwernstr. 2, Tel. (09624) 801, www.zum-schlosswirt.de

Traidendorf (OT von Kallmünz)

Hammerschloss Traidendorf, Schlossweg 1-3, Tel. (09473) 10 42, www.hammerschloss.de

Unterköblitz (OT von Wernberg-Köblitz)

Gasthof & Pension Sperl, Bahnhofstr. 24, Tel. (09604) 22 31, www.sperl-wernberg.de

Vilshofen (OT von Rieden)

Gasthof Ochsenwirt, Maximilianstr. 8, Tel. (09474) 381

Kanuvermietung

Amberg

Kanuverleih Widewater, Salzgasse 6, Tel. (09621) 42 98 46

Ensdorf

Umweltstation Ensdorf (nur für Gruppen nach Voranmeldung), Kloster Ensdorf, Hauptstr. 9, Tel. (09624) 92 00-0, www.kloster-ensdorf.de

Hinterzhof (OT von Laaber)

Erlebnismax, Riegelweg 4, Tel. (09498) 90 24 60, www.erlebnismax.de

Niedertraubling

Nautilus, Embacher Str. 10, Tel. (09401) 512 95, www.kanu-outdoor.de

Penk (OT von Nittendorf)

Bootverleih Penk, Löweneckstr. 25, Tel. (09404) 30 90 41 und 0170-268 24 88, www.bootsverleih-penk.de

Traidendorf (OT von Kallmünz)

Kanuschorsch, Zum Fischerberg 3, Tel. (09473) 86 28, www.kanuschorsch.de

Weiden

Kanusport Frieser, Gladiolenweg 9, Tel. (0961) 250 03, www.kanusport-frieser.de

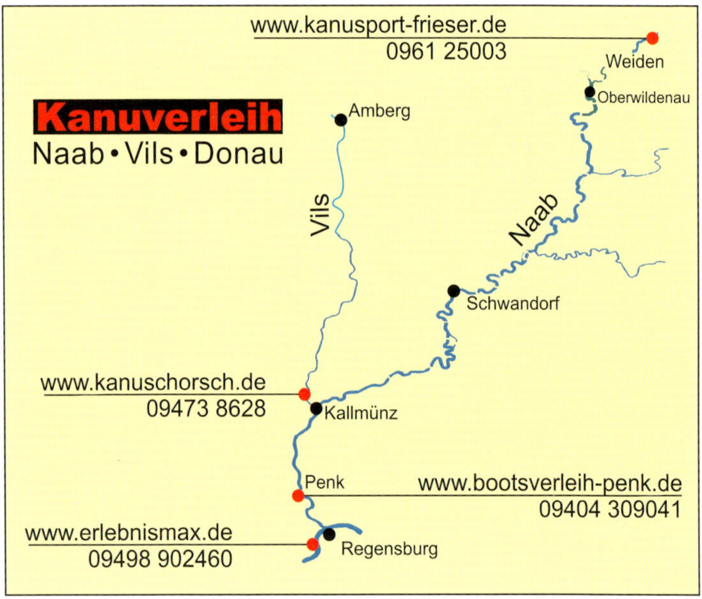

Fahrradvermietung

Amberg
Tourist Info, Hallplatz 2, Tel. (09621) 48 30, www.amberg.de

Burglengenfeld
Max Meingast, Amalienstr. 9, Tel. (09471) 802 51, www.meingast-fahrrad.de

Regensburg
Rent a bike, Bahnhofstr. 18, Tel. (0941) 599 88 08, www.fahrradverleih-regensburg.de

Zweirad Ehrl GmbH, Am Protzenweiher 5, Tel. (0941) 851 24, www.zweirad-ehrl.de

Wackersdorf
Fahrradverleih Murner See, Tel. (09439) 959 97 47, www.murnersee-fahrradverleih.de

Veranstalter & Geführte Touren

Erlebnismax (siehe Vermietung)

Josef Rückl in Burglengenfeld, Tel. (09471) 70 18 20 und 0171-514 86 37, (geführte Radtour „Mit dem Fahrrad zu den Kirchen im Naabtal"), www.burglengenfeld.de

Kanusport Frieser (siehe Vermietung)

Thomas Eder in Luhe Wildenau, Tel. (09607) 91 14 31 und 0172-75 55 51 01 (MTB-Touren im Oberpfälzer Wald), www.bikeplaner.de

Willy's Kanuverleih (Diplom-Sozialpädagoge), Schmiedberg 1, 92272 Freudenberg, Tel. (09621) 960 96 77 (Kanuverleih, geführte Touren auf Naab, Vils, Regen, Pegnitz, Teamtrainigs, Betriebs-und Klassenausflüge), www.die-projektwerkstatt.de

Amberg

Siehe Seite 89

Burglengenfeld

Siehe Seite 50

Fronberg

Oberpfälzer Künstlerhaus, Fronberger Str. 31, Tel. (09431) 97 16, offen bei Ausstellung: So 11-16, Mi, Do 12-18, www.oberpfaelzer-kuenstlerhaus.de

Kallmünz

Siehe Seite 32

Münchshofen (OT von Teublitz)

Wild- und Freizeitpark, Höllohe 1, Tel. (09471) 91 57, Öffnungsz. Mär-Okt tgl. 14-18, Eintritt frei, www.wildpark-hoellohe.de

Glasschleif- und Polierwerk, Platz der Freiheit 7, 93158 Teublitz, Tel. (09471) 60 25 83, keine festen Öffnungszeiten, www.teublitz.de

Nabburg

Siehe Seite 32

Neusath-Perschen

Oberpfälzer Freilandmuseum, Neusath 200, Tel. (09433) 24 42-0, Öffnungszeiten: Di-So 10-18, Mo geschl. (ausgenommen Feiertage), Eintritt Erw. 5 €, www.freilandmuseum.org

Perschen

Bauernmuseum Edelmannshof, Perschen 13, Tel. (09433) 24 42-0, Öffnungsz. Di-So 13-18, Mo geschl. (ausgen. Feiertage), Eintritt Erw. 2,50 €, www.freilandmuseum.org

Regensburg

Siehe Seite 67

Schmidmühlen

Heimatmuseum, Rathausstr. 1, Tel. (09474) 940 30, www.schmidmuehlen.de

Schwandorf

Siehe Seite 40

Theuern (OT von Kümmersbruck)

Bergbau- und Industriemuseum Ostbayern, Schloss Theuern, Portnerstr. 1, Tel. (09624) 832, Öffnungsz. Di-Sa 9-17, So, Feiertage 10-17, Eintritt 2 € ermäßigt 1/1,50 € (geöffnet nur von Apr-Okt), www.museumtheuern.de

Wolfsegg

Burg Wolfsegg, Burggasse, Tel. (09409) 16 60, Öffnungsz. 01.-30. 09. Wochenende + Feiertage 10-16, Eintritt Erw. 2 €, www.burg-wolfsegg.de

Auskunft

Amberg
Tourist-Info am Hallplatz, Hallplatz 2, Tel. (09621) 102-39, www.amberg.de

Burglengenfeld
Bürgerbüro, Marktplatz 2-6, Tel. (09471) 70 18-20 (-24), www.burglengenfeld.de

Kallmünz
Fremdenverkehrsverein, Vilsgasse 42, Tel. (09473) 421, www.kallmuenz.de

Kümmersbruck
Gemeinde Kümmersbruck, Schulstr. 37, Tel. (09621) 70 80, www.kuemmersbruck.de

Luhe-Wildenau
Marktverwaltung, Rathausplatz 1, Tel. (09607) 92 10-0, www.luhe-wildenau.de

Nabburg
Gästeinformation, Oberer Markt 16, Tel. (09433) 18 26, www.nabburg.de

Regensburg
Touristik Information, Rathausplatz 4, Tel. (09841) 507-44 10, 44 11, www.regensburg.de

Rieden
Markt Rieden, Hirschwaldstr. 27, Tel. (09624) 920 20, www.rieden.com

Schmidmühlen
Markt Schmidmühlen, Rathausstr. 1, Tel. (09474) 940 30, www.schmidmuehlen.de

Schwandorf
Tourismusbüro, Kirchengasse 1, Tel. (09431) 455 50, www.schwandorf.de

Wernberg-Köblitz
Touristik-Info, Nürnberger Str. 124, Tel. (09604) 92 11, www.wernberg-koeblitz.de

Links & Allgemeines zum Thema Kanu

www.amberg-sulzbacher-land.de

www.ostbayern-tourismus.de

www.oberpfaelzerwald.de

Deutscher Kanu-Verband, Bertaallee 8, 47055 Duisburg, Tel. (0203) 997 59-0, www.kanu.de

Bundesverband Kanu e.V. (BVKanu), Bövemannstr. 1, 48268 Greven, Tel. (02571) 503 53 20, www.bvkanu.de

Kanu Magazin, Provinostr. 52, 86153 Augsburg, Tel. (0821) 42 07 84-0, www.kanumagazin.de

Kajak Magazin, Schulstr. 12, 76532 Baden-Baden, Tel. (07221) 95 21-0, www.kajak-magazin.com

Weiteres aus dem Thomas Kettler Verlag

Aus der Reihe Kanu Kompakt

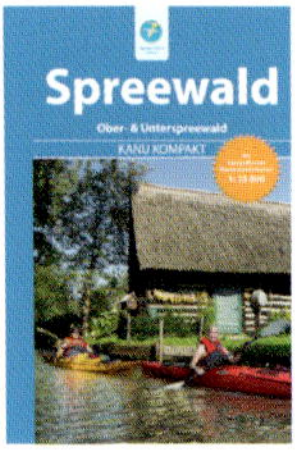

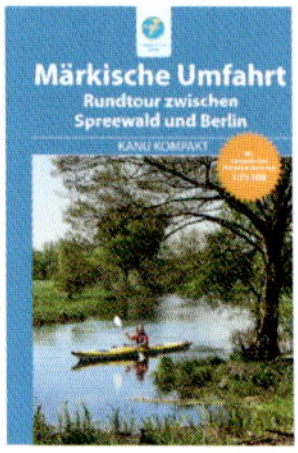

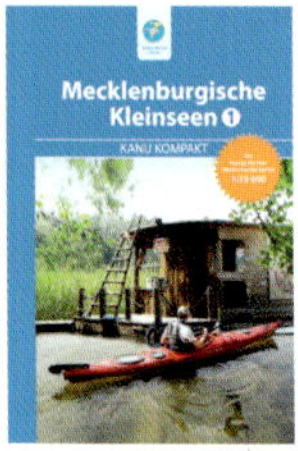

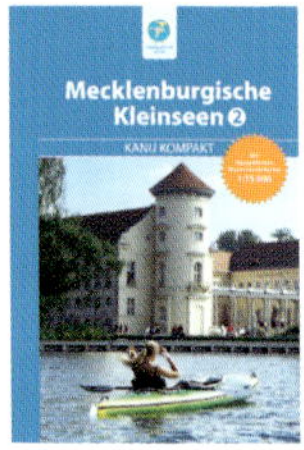

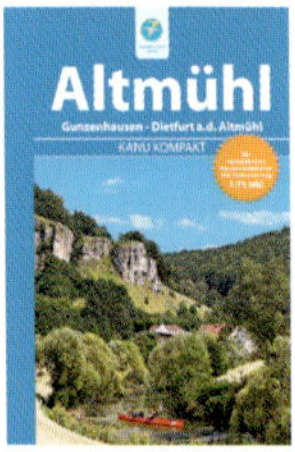

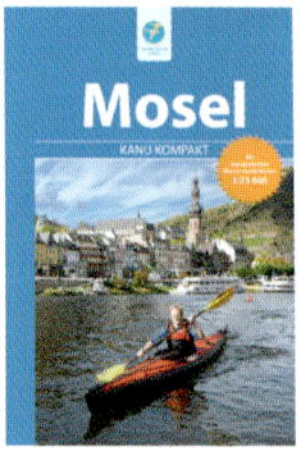

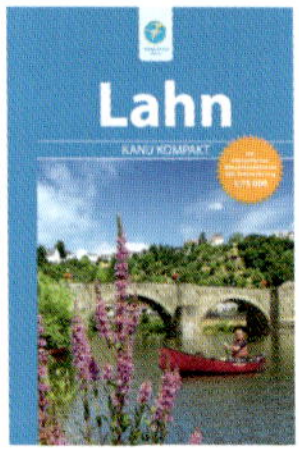

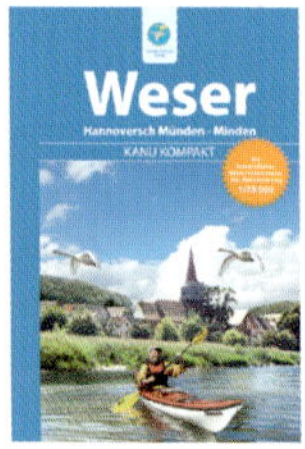

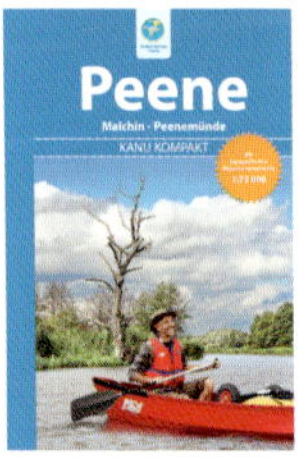

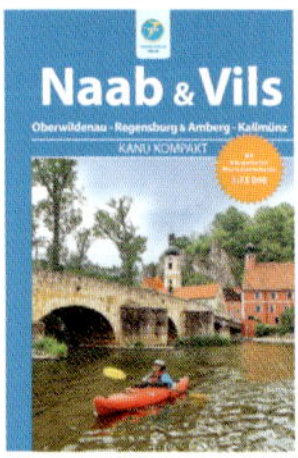

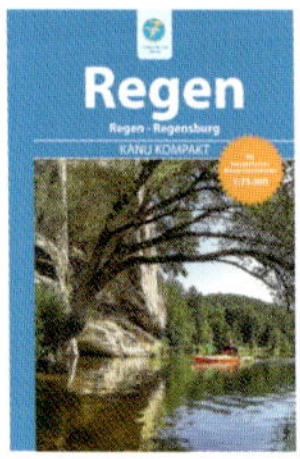

€ 9,95 [D

Aus der Reihe Kanu Kompass & Outdoor Kompass

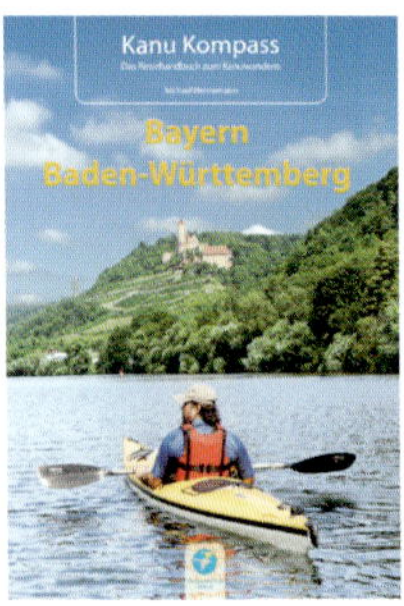

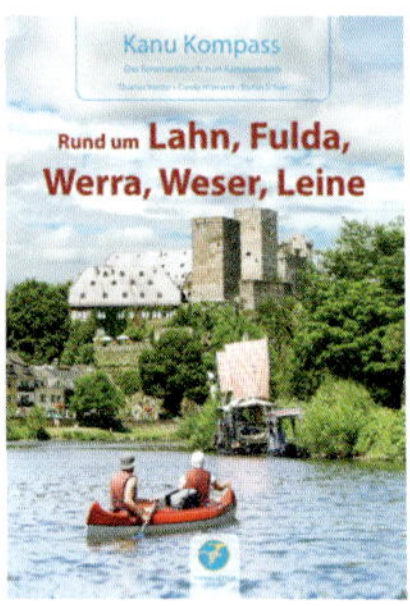

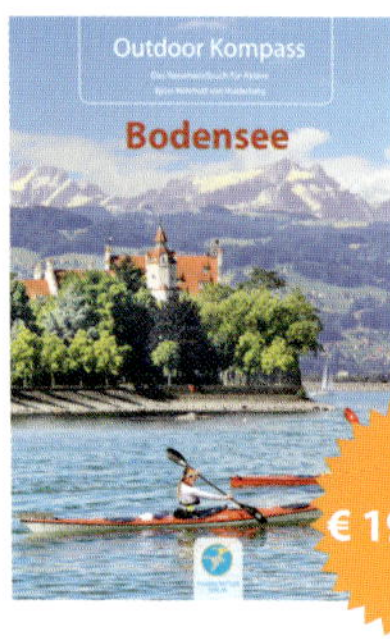

€ 19,90 [D

www.thomas-kettler-verlag.de

Jübermann - Kartographie und Verlag

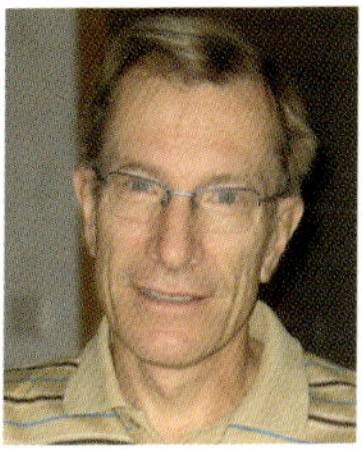

Der ***Jübermann-Verlag*** hat sich auf die Herstellung von Gewässerkarten für Wassersportler spezialisiert. Karten, die im Maßstab 1:100.000 und größer hergestellt werden, sind in bezug auf die Gewässer bzw. Wassersportinhalte im Gelände komplett überprüft. Jeder dargestellte Gewässer-km ist auch per Boot kontrolliert worden. Hier sind keine Schreibtischtäter am Werk, sondern passionierte Wassersportler (Erhard Jübermann z.B. mit ca. 60.000 gepaddelten km), die all ihre Erfahrung weitergeben. ***www.juebermann.de***

Der Autor

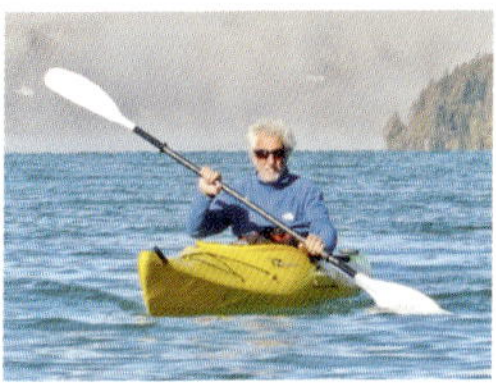

Alfons Zaunhuber

Der Münchner kommt aus dem Sportartikel-Einzelhandel. Einige Jahre als Kajaklehrer und im schweren Wildwasser unterwegs, sieht er sich heute als Genusssportler. Der Canyoningpionier gründete den Deutschen Canyoningverein e.V. und war vier Jahre Vorstand. Mehrere Filme, z.B. im Bayerischen- und Griechischen Fernsehen, zahlreiche Bücher und Artikel in Kanu- und Bergsportzeitschriften dokumentieren sein Schaffen. Als Allroundsportler liebt er die Abwechslung am Berg und im Wasser und ist auch gerne mit dem Bike unterwegs.

NEU - Kanu Praxis

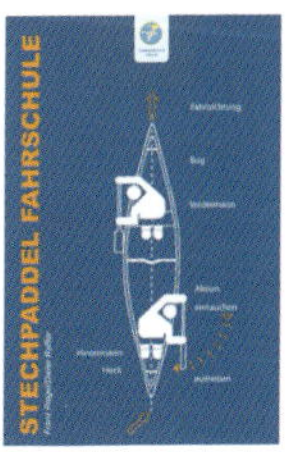

Stechpaddel Fahrschule
Franz Riegel & Dieter Raffler

28 Seiten, davon 12 geteilt
Format 12,5 x 18,5 cm
Spiralbindung mit Umschlag
ISBN 978-3-934014-45-9
€ 9,95 [D]
NEU Mai 2014

Mit der Stechpaddel Fahrschule erlernen Sie die Grundlagen des Kanadierfahrens in kürzester Zeit. Kurze, genaue Texte bringen es schnell auf den Punkt, wie Sie mit Paddel, Boot und Strömung umgehen. Durch die 12 geteilten Buchseiten (Vorder- und Hintermann) mit Zeichnungen und Erklärungen können 49 verschiedene Schlagkombinationen durchgespielt werden.

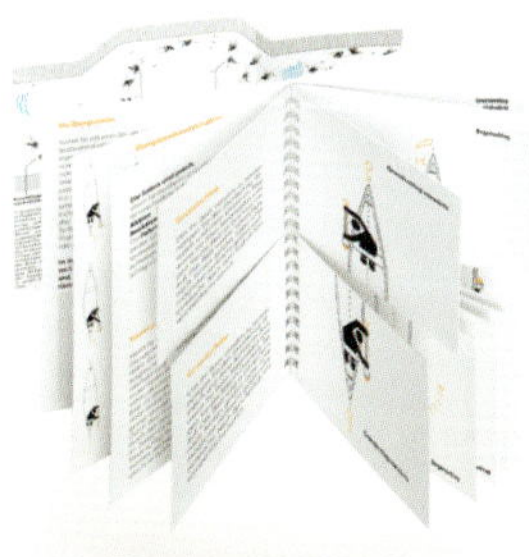

Ein Klassiker - erweitert & neu aufgelegt

Register